انگلیسی در سفر

مکالمات و اصطلاحات روزمرهٔ انگلیسی

تألیف و ترجمه: حسن اشرف الکتّابی

از مجموعه نوارهای آموزش زبان نوار صوتی (کاست) کتاب انگلیسی در سفر

برای تلفظ بهتر و دقیق‌تر زبان آموزان عزیز تهیه و تنظیم گردیده است.

مرکز پخش

موسسهٔ گسترش فرهنگ و مطالعات

۸۸۷۷۲۰۲۹ – ۸۸۷۹۴۲۱۹

انتشارات ارم: ☎	۶۶۹۶۰۸۳۳	انتشارات رهنما: ☎	۶۶۴۰۰۹۲۷
انتشارات آثار:	۶۶۴۶۰۲۳۳	انتشارات ققنوس:	۶۶۴۰۸۶۴۰
انتشارات فرهنگ زبان:	۶۶۴۱۵۹۰۵	انتشارات کلبه زبان:	۶۶۴۹۳۳۵۸
انتشارات بهزاد:	۶۶۴۱۳۶۲۴	انتشارات پیمان:	۶۶۴۹۹۱۸۴
انتشارات گلپا:	۶۶۹۵۲۵۶۲	انتشارات دانشیار:	۶۶۹۶۳۴۳۴-۷
انتشارات سپاهان:	۶۶۴۸۴۴۹۹	نشر بیان زبان:	۶۶۹۷۴۶۳۸
		اندیشه‌ی پیک زبان:	۶۶۴۱۴۹۰۷

پخش ویژه بازار

پخش کتاب جواهری:	۰۹۱۲۱۸۹۵۹۸۸	کتابسرای بیان:	۰۹۱۲۵۴۴۱۸۵۹
پخش کتاب مبین:	۰۹۱۲۳۱۷۴۷۶۳	انتشارات هدف نوین:	۶۶۹۶۰۳۴۴

پخش کتاب صبح پایتخت ۰۹۱۲۶۳۵۲۳۱۸

اشرف الکتابی، حسن، ۱۳۴۶
انگلیسی در سفر = English on trip
مکالمات و اصطلاحات روزمره انگلیسی ـ / تألیف و ترجمه حسن اشرف الکتّابی ـ [ویراش ۲] ـ
تهران : استاندارد، ۱۳۷۶
۲۳۲ ص. : مصور، نقشه، جدول ـ (... مجموعه کتابهای آموزش زبان)
ISBN 978-964-9144-07-8
فهرستنویسی بر اساس اطلاعات فیپا (فهرستنویسی پیش از انتشار).
واژه نامه.
۱. زبان انگلیسی ـ مکالمه و جمله سازی ـ فارسی ۲. زبان انگلیسی ـ خود آموز ۳. زبان انگلیسی ـ اصطلاحات و تعبیرها.
الف. عنوان
۸الف ۸۴الف / PL ۱۱۳۱ فا ۲۴/ ۴۲۸
۱۳۷۶
کتابخانه ملی ۷۶ـ۷۴۰۹م

انتشارات استاندارد

تهران، روبروی دانشگاه تهران، خیابان ۱۲ فروردین، خیابان شهدای ژاندارمری، پلاک ۱۲۸ ☎ ۶۶۹۵۱۱۴۲

انگلیسی در سفر
تألیف و ترجمهٔ :حسن اشرف الکتّابی
طرح روی جلد :حسن اشرف الکتّابی
حروفچینی :مؤسسه امید
لیتوگرافی و چاپ :دیبا
صحافی :خیام نوین
چاپ صد و دهم : ۱۳۹۲
تیراژ : ۱۰۰۰ جلد
قیمت کتاب به همراه لوح فشرده : ۷۰۰۰ تومان
شماره ثبت اثر :۸۱۳۸

شابک ۸-۰۷-۹۱۴۴-۹۶۴-۹۷۸ ISBN: 978-964-9144-07-8

Contents
فهرست

فهرست

فصل نهم:

فصل دهم:

به نام خدا

مقدمه

کتاب حاضر دارای بیش از ۲۸۰۰ واژهٔ مفرد و مرکب است که در قالب ۱۴۰۰ جـملهٔ گفتاری، مطالب مختلف و متنوعِ موردِنیاز مسافرین و علاقه‌مندان به دیدار از انگلستان و دیگر کشورهای انگلیسی زبان را ارائه می‌کند. امروزه برای آموزش زبان خـارجـی بـه مسافرین و علاقه‌مندان، از مکالمات موقعیتی بهره می‌گیرند. مکالمات موقعیتی، آنگونه مکالماتی است که نوآموز زبان مسافرتی را در موقعیت‌های گوناگونی که در سـفر بـه کشور یا کشورهای خارجی با آنها روبرو می‌شود، مثل رفتن به مطب پزشک و یا اقامت در هتل، قرار می‌دهد و نیازهای زبانی این موقعیت‌ها را به او آموزش می‌دهد. یکـی از شیوه‌های آموزش این کتاب، استفاده از جملات الگویی پایه و مادر است. این جمله‌ها در شرایط مختلف ثابت است و تکرار می‌شود، امّا جای یک کلمه یا عبارتی که بنابر نیازها و موقعیت‌ها تغییر می‌کند با نقطه‌چین خالی گذاشته شده است تا نوآموز بـا تکـرار ایـن جملات الگویی و استفاده از واژه‌های مختلف، نیازهای زبانی خود را در مـوقعیت‌هـای گوناگون برآورده سازد. جمله و عبارات زیر، نمونه‌ای از این شیوهٔ آموزشی بکار گرفته شده است:

I'd like ... camera

an automatic

a simple

an inexpensive

کتاب همچنین دارای واژه‌نامه‌ای برای یافتن سریع واژه‌ها و مـعانی فـارسی آنـها است و در ضمن تلفظ هر کلمهٔ انگلیسی با استفاده از الفبای فارسی در زیر یا در مقابل

هر واژه آورده شده است. شاید این پرسش به ذهن بیاید که چرا از الفبای بین‌المللی آوانویسی که امروزه انگلیسی‌ها برای تلفظ واژه‌ها بکار می‌گیرند استفاده نشده و در عوض با استفاده از الفبای فارسی، تلفظ واژه‌ها نـوشته شـده است. در پـاسخ بـاید بگوییم که فکر می‌کنیم استفاده از الفبای بین‌المللی آوانویسی آن چنان مورد استفادۀ مخاطبان این کتاب نیست و از اینرو تلفظ واژه‌ها را با استفاده از الفبای فـارسی ذکـر کرده‌ایم. امیدواریم که در این باره درست اندیشیده باشیم و این کار ما بتواند در عمل سودمند واقع شود. ترجمۀ کلمات و جملات با دقت انجام شده و علاوه بر رعایت امانت، تفاوت‌های ساختاری دو زبان نیز مدنظر بوده است و در این کـار، پـاسداری از زبـان فارسی را وظیفۀ خود دانسته‌ایم.

نیک می‌دانیم که این اثر خالی از لغزش و اشتباه نیست و از استادان، خوانندگان و علاقه‌مندان عزیز درخواست می‌کنیم که مؤلف را در تصحیح اشتباهات و لغزش‌ها یاری فرمایند و از طریق آدرس ناشر با ما مکاتبه کنند تا در چاپ‌های بعدی این اشتباهات و لغزش‌ها اصلاح شود.

مؤلف
حسن اشرف الکتابی

الفبای انگلیسی
ENGLISH ALPHABET

زبان انگلیسی ۲۶ حرف دارد که به چهار نوع، یعنی حروف چاپی بزرگ و کوچک و حروف تحریری بزرگ و کوچک تقسیم می‌شود. در اینجا حروف چاپی بزرگ و کوچک و تلفظ آنها آورده شده است.

حروف چاپی بزرگ
Capital Printing Letters

A	اِیْ	K	کِـیْ	U	یو
B	بیِ	L	اِلْ	V	ویِ
C	سیِ	M	اِمْ	W	دابِـلیو
D	دیِ	N	اِنْ	X	اِکْس
E	ئیِ	O	اُ	Y	وایْ
F	اِفْ	P	پیِ	Z	زِد
G	جیْ	Q	کُو		
H	اِچ	R	آرْ		
I	آی	S	اِسْ		
J	جِیْ	T	تیِ		

حروف چاپی کوچک
Small Printing Letters

a b c d e f g h i j k l m n o p q r s t u v w x y z

حروف انگلیسی به دو دستهٔ اصلی تقسیم می‌شوند:

A) حروف صدادار "Vowels"   B) حروف بی‌صدا "Consonants"

A) حروف صدادار "Vowels"

حروفی هستند که به تنهایی و مستقل تلفظ می‌شوند. این حروف عبارتند از:

A , E , I , O , U

شایان ذکر است که دو حرف Y و W گاه بی‌صدا وگاه باصدا هستند. چنانچه این دو حرف در آغاز کلمه بیاید بی‌صدا و درغیر این صورت صدادار است.

مثال صدادار: Key , Now

مثال بی‌صدا: We , Year

B) حروف بی‌صدا "Consonants"

حروفی هستند که بدون دخالت حروف صدادار، تلفظ نمی‌شوند و شامل بیست و یک حرف باقیمانده است.

واژه‌های پایه‌ای و پرکاربرد
QUICK REFERENCE PAGE

Good morning	گُودْ. مُرنینگ	**صبح بخیر**
Good afternoon	گُودْ .آفتِرنُون	**بعد از ظهر بخیر**
Good night	گُودْ. نایْت	**شب بخیر**
Good evening	گُودْ.ایوِنینگ	**عصر بخیر**
Goodbye	گُودْبای	**خداحافظ**
Please	پلیز (پیلیز)	**خواهش می‌کنم**
Thank you	ثَـنک. یُـو (تَنک. یُـو)	**متشکرم**
Yes / No	یِس / نُ	**بله / نه، خیر**
Excuse me	اِکسکـیُـوز.مِی	**ببخشید**

Where can I find / buy / hire...?

وِر.کَن.آی.فایند/ بـای / هایِر...؟

کجا می‌توانم... پیدا کنم / بخرم / کرایه (اجاره) کنم؟

Where is ...?	وِر.ایز...؟	**... کجاست؟**
How much is that?	هـائو.ماچ.ایز.دَت؟	**قیمت آن چقدر است؟**

Waiter / Waitress

آقای پیشخدمت، پیشخدمت مرد / خانم پیشخدمت، پیشخدمت زن ویتر /ویترس

I'd like... آید. لایک... من ... می‌خواهم، من ... میل دارم.

What does this mean?

وات. داز. دیس. مین این معنی‌اش چیست؟ این چه معنی می‌دهد؟

I don't understand.

آی. دُنت. آندِرستند من متوجّه نمی‌شوم (نشدم)، نمی‌فهمم.

When does ... open / close?

وِن.داز... اُپِن /کِلُز چه وقت... باز / بسته می‌شود؟

What time is it? وات.تایم.ایز.ایت ساعت چند است؟

Do you mind if I smoke?

دُو. یُو. مایند. ایف. آی. اِسمُک اشکال دارد اگر سیگار بکشم؟

Would you mind not smoking, please?

وُد. یُو. مایند. نات. اسمُکینگ. پلیز ممکن است خواهش کنم (لطفاً) سیگار نکشید؟

It's not allowed here! ایتس.نات.اَلُّد. هییِر اینجا ممنوع است!

Where are the toilets? وِر.آر.دِ.تُیلِتس توالت (مستراح) کجاست؟

Help me, please! هِلپ.می.پلیز لطفاً کمکم کنید!

Where is the...? وِر.ایز.دِ... ... کجاست؟

He / She sends his / her regards to you.

او(مذکر) / او (مؤنث) به شما سلام رساند. هی /شی. سِندز. هیز / هِر. ریگاردز. تُو. یُو.

Give ... my regards. گیو... مای. ریگاردز به ... سلام مرا برسانید.

تلفظ در زبان انگلیسی
PRONUNCIATION IN ENGLISH

در این بخش برخلاف سایر کتابها، فقط تلفظهای دشوار و مشکل‌ساز این زبان را ذکر می‌کنیم، که به ساده‌ترین و جدیدترین شیوه بیان شده است. سایر تلفظها را در متن کتاب مشاهده خواهید کرد.

(consonants) حروف بی‌صدا	تلفظ این حروف		مثال (Example)
c , f , h , k , l , m , n ,	سِ یا ک، ف، ه، ک، ل		مثال در متن
p , r , t , x , z.	م، ن، پ، ر، ت، کْس، ز		
b	صدای ب مثل کلمهٔ بابا در فارسی	Pub	پاب
ch	صدای چ مثل کلمهٔ چین در فارسی	cheap	چیپ
d	صدای د مثل کلمهٔ داور در فارسی	bad	بَد
g	۱) صدای ج مثل کلمهٔ جام در فارسی	gentleman	جِنتِلمَن
	۲) صدای گ مثل کلمهٔ گام در فارسی	go	گُ
j	صدای ج مثل کلمهٔ جام در فارسی	jam	جَم
qu	صدای کُو می‌دهد.	quick	کُوئیک
s	۱) بین دو حرف صدادار و در آخر کلمه، صدای ز می‌دهد.	is	ایز

تلفظ		توضیح	حرف
ویزیت	visit		
وِیژِن	vision	۲) در صدای بسته مثل: si و su صدای ژ می‌دهد.	
مِیژِر	measure		
سُ	So	۳) در بقیهٔ موارد صدای س می‌دهد.	
سام	some		
مای	my	۱) درکلمات بسته از نظر تلفظ صدای آی می‌دهد.	y
یس	yes	۲) در اول کلمات همیشه صدای یِ می‌دهد.	
مِنی	many	۳) در بقیه کلمات همیشه صدای ایی می‌دهد.	
شُ	show	صدای ش می‌دهد.	sh
فُتُ	photo	صدای ف می‌دهد.	ph
فاذِر	father	۱) معمولاً قبل از یک حرف صدادار صدای ذ عربی می‌دهد.	th
بِرثْ	birth	۲) معمولاً در انتهای کلمات صدای ث عربی می‌دهد. و معمولاً صدای ث عربی ساکن است (ثْ)	
وِري	very	صدای و مثل کلمهٔ فارسی وال.	v
		صدای و امّا نرم‌تر از صدای v که باید لبها هنگام تلفظ این حرف جمع می‌شود. ادای این تلفظ به صورت بسته و جمع باید قرار گیرند.	w

مثال (Example)		حروف صددار (vowels)	
سِیف	safe	۱) قبل از یک حرف بی‌صدا، صدای اِی می‌دهد.	a
وُاز ـ وآز	was	۲) بین حرف w و حرف بی‌صدا، صدایی مثل اُ می‌دهد. تلفظ آمریکایی این حرف آ است.	
گَس	gas	۳) در سایر موارد که بیشتر قبل از حروف n و s و d دیده می‌شود. صدای اَ می‌دهد.	
پَس	pass		
دَنس	dance		
دیس	these	۱) قبل از حرف بی‌صدا، که بعد از آن حرف صدادار آمده باشد، صدای ایی می‌دهد.	e
تِن	ten	۲) در سایر موارد صدای اِ می‌دهد.	

ماین	mine	۱) قبل از حرف بی‌صدا، که بعد از آن حرف صدادار آمده باشد، صدای آی می‌دهد.	i
میس	miss	۲) در بقیه موارد صدای ایی می‌دهد.	
نُت	note	۱) قبل از حرف بی‌صدا که بعد از آن حرف صدادار آمده باشد، صدایِ اُ کشیده و بلند می‌دهد.	o
نات	not	۲) قبل از حرف بی‌صدا، صدای اُ کوتاه و محکم می‌دهد.	
مادِر	mother	۳) و در بعضی کلمات کاملاً صدای آ بگوش می‌رسد.	
ماست	must	۱) قبل از حرف بی‌صدا، تلفظ آن آ است.	u
فیُوچِر	future	۲) قبل از حرف بی‌صدا که بعد از آن حرف صدادار آمده باشد صدای چ می‌دهد.	
پُوت	put	۳) در بقیه موارد صدای او کوتاه می‌دهد.	

تلفظ حروفی که از دو حرف باصدا و یا از حروف باصدا و بی‌صدا ترکیب شده است.

دِی	day	صدای اِی می‌دهد	ai , ay
رِین	rain		
کار	car	صدای آر می‌دهد	ar
های	high	صدای آی می‌دهد	igh
بُت	boat	صدای اُ می‌دهد	oa
استیشِن	station	صدای شِنْ می‌دهد	tion , ssion
دیپ	deep	صدای ایی می‌دهد	ea , ee , ei , ie
ویندُ	window	صدای اُ می‌دهد	ow

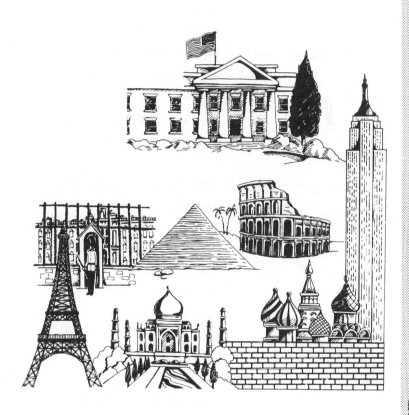

فصل اوّل

بعضی از لغات و اصطلاحات مهمّ کاربردی

SOME BASIC EXPRESSIONS

yes.	یِس	بله.
No.	نُ	نه.
Please.	پلیز	لطفاً.
Thank you.	ثَنک. یُو (تَـنک. یُو)	متشکرم.
Thank you very much.	ثَنک. یُو. وِریِ. ماچ	خیلی متشکرم.
You're welcome.	یُر. وِل. کام	خواهش می‌کنم، قابلی ندارد، خوش آمدید.
Sorry.	سٰاریِ	معذرت می‌خواهم.
Excuse me.	اِکس کیوز. می	ببخشید.

سلام و تعارفات روزمره — Greetings

Good morning.	گُود. مُرنینگ	صبح بخیر.

Good afternoon.	*گُود. آفتِرنُون*	**بعداز ظهر بخیر.**
Good evening.	*گُود. ایوینینگ*	**عصر بخیر.**
Good night.	*گُود. نایت*	**شب بخیر.**
Hello _ Hi!	*هِلُ ـ های*	**سلام!**
Goodbye.	*گُود بای*	**خدا نگهدار.**
See you soon.	*سی. یُو. سُون*	**به زودی می‌بینمت.**
This is....	*دیس. ایز*	**این .... است.**
Mr./Mrs. ...	*مِستِر ـ مِسِز*	**آقا / خانم....**
Miss. ...	*مِس*	**دوشیزه...**
my husband.	*مای. هازبَند*	**شوهرم.**
my wife.	*مای. وایف*	**خانمم.**
my daughter.	*مای. دائوتِر*	**دخترم.**
my son.	*مای. سان*	**پسرم.**
How do you do?	*هائو. دُو. یُو. دُو*	**از آشنایی شما خوشوقتم.**
How are you?	*هائو. آر. یُو*	**حالتان چطور است؟**
Very well, thanks.	*وِری. وِل. ثَنکس*	**خیلی خوب است، متشکرم.**
And you?	*اَند. یُو*	**شما چطورید؟**
How's life?	*هائوز. لایف*	**زندگی چطور می‌گذرد؟**

Questions — سؤالات

Where?	*وِر*	**کجا؟**
Where is ....?	*وِر. ایز....*	**.... کجاست؟**
Where can I find / get ....?	*وِر. کَن. آی. فایند / گِت ....*	**.... را کجا می‌توانم پیدا کنم / بگیرم، بخرم (بروم)؟**
Who?	*هُو*	**چه کسی؟ کی؟**
Who's that?	*هُوز. دَت*	**او کیست؟**
What?	*وات*	**چه؟**

What is that? وات. ایز. دَت **آن چیست؟**

What does that mean? وات. داز. دَت. مین **آن چه معنی می‌دهد؟**

Which? ویچ **کدام؟**

Which bus goes to...? ویچ. باس. گُز. تُو **کدام اتوبوس به ... می‌رود؟**

When? وِن **چه وقت، کِی؟**

When do we arrive? وِن. دُو. وی. آررایو **چه وقت (کی) می‌رسیم؟**

When does ... open / close?

وِن. داز.... اُپن / کِلُز **چه وقت.... باز / بسته می‌شود؟**

How much? هائو. ماچ **چه قدر؟ (غیر قابل شمارش)**

How many? هائو. مِنی **چند تا؟ (قابل شمارش)**

How much does this cost?

هائو. ماچ. داز. دیس. کُست **چقدر می‌ارزد؟ قیمتش چقدر است؟**

How? هائو **چطور؟**

How do I get to ...? هائو. دُو. آی. گِت. تُو **چطور می‌توانم به .... برسم؟**

How far? هائو. فار **چقدر راه؟، چقدر دور؟**

How long? هائو. لانگ **چقدر زمان (چه مدّت)؟**

What do you call this / that in English?

وات. دُو. یُو. کال. دیس / دت. این. اینگلیش **به این / آن در انگلیسی چه می‌گویید؟**

این / آن را در انگلیسی چه می‌نامید؟

Is that right? ایز. دَت. رایت **درست است؟**

Why? وای **چرا؟**

Why are you laughing?

وای. آر. یُو. لافینگ **چرا (شما) می‌خندید؟**

Do you speak .....? آیا شما .... صحبت می‌کنید؟

Does anyone here speak Dutch?

داز. اِنی وان. هییر. اِسپیک. دآچ **آیا کسی اینجا آلمانی (هلندی) صحبت می‌کند؟**

I don't speak much English.

من خیلی انگلیسی بلد نیستم. *آی. دنت. اِسپیک. ماچ. اینگلیش*

Could you speak more slowly?

آیا ممکن است آهسته‌تر صحبت کنید؟ *کُود. یُو. اِسپیک .مُر. اِسلُلی*

How do you say this in English?

این را در انگلیسی چطور می‌گویید؟ *هائو. دُو. یُو. سِی. دیس. این. اینگلیش*

Could you write it down, please?

آیا ممکن است لطفاً آن را یادداشت کنید؟ *کُود. یُو. رایت. ایت. دائون. پلیز*

Could you.... it?	*کُود. یُو .... ایت*	آیا ممکن است آن را .... کنید؟
repeat	*ریپیت*	تکرار (کردن)
spell	*اِسپِل*	هجّی (کردن)
explain	*اِکسپِلِین*	توضیح (دادن)
translate	*تِرانسلِیت*	ترجمه (کردن)

Please point to the ..... in the book.

لطفاً .... را در کتاب به من نشان بدهید. *پلیز. پُینت. تُو. دِ... این. دِ. بُوک*

phrase	*فِریز*	عبارت، اصطلاح
word / sentence	*وُرد / سِنتِنس*	واژه، کلمه / جمله
Just a moment.	*جاست. اِ. مُمِـنت*	یک لحظه

I'll see if I can find it in this book.

ببینم می‌توانم آن را دراین کتاب پیداکنم. *آیل.سی.ایف.آی. کَن. فایند.ایت.این.دیس.بُوک*

What does this mean?

این به چه معنی است؟ *وات. داز. دیس. مین*

I beg your pardon?	*آی. بِگ. یُر. پاردُن*	ببخشید، چه گفتید!
I understand.	*آی. آندِرستند*	من فهمیدم، من متوجّه شدم.
I don't understand.	*آی.دُنت.آندِرستند*	من نفهمیدم، من متوجّه نشدم.
Do you understand?	*دُو. یُو. آندِرستند*	آیا متوجّه می‌شوید (شدید)؟

Do you have a dictionary?

آیا شما فرهنگ لغت (واژه‌نامه) دارید؟ *دُو. یُو. هَو. اِ. دیکشِنِری*

I can't find the right translation.

من ترجمهٔ صحیح (درست) آن را نمی‌توانم پیدا کنم. *آی. کَنت.فایند. دِ. رایت. تِرانسلِیشِن*

I'm not sure whether the pronunciation is right!

آیم. نات. شُور. وِ دِر. دِ. پُرُنانسیئِشن. ایز. رایت

من مطمئن نیستم که تلفظ آن صحیح (درست) باشد!

Can / may — ممکن بودن، توانستن / اجازه داشتن

Can I have ....? — *کَن. آی. هَو* — **آیا می‌توانم ... را داشته باشم؟**

Can we have ....? — *کَن. وی. هَو* — **آیا ما ممکن است ... را داشته باشیم؟**

Can you show me...? — *کَن. یُو. شُ. مي* — **آیاممکن‌است ... رابه‌من‌نشان‌بدهید؟**

Can you tell me....? — *کَن. یُو. تِل. مي* — **آیا ممکن است ... را به من بگویید؟**

Can you help me? — *کَن. یُو. هِلپ. مي* — **آیا ممکن است به من کمک کنید؟**

Can you direct me to ....?

کَن. یُو. دایرِکت. مي. تُو.... — **آیا می‌توانید مرا به .... راهنمایی کنید؟**

To Want — خواستن

I'd like .... — *آید. لایک* — **من ....، می‌خواهم.**

We'd like .... — *وید. لایک* — **ما ....، می‌خواهیم.**

Could you give me this / that , please?

کُود. یُو. گیو. مي. دیس / دَت. پلیز — **ممکن است لطفاً این / آن را به من بدهید؟**

Bring me .... — *برینگ. مي* — **برایم.... را بیاور.**

Show me .... — *شُ. مي* — **به من .... را نشان بده.**

I'm looking for .... — *آیم. لُوکینگ. فُر* — **من دارم دنبال ... می‌گردم.**

I need .... — *آی. نید* — **من به .... نیاز دارم.**

What can I offer you to drink?

چه چیزی را برای نوشیدن می‌توانم تعارفتان کنم؟ *وات. کَن. آی. آفِر. یُو. تُو. دیرینک*

Cheers. — *چِرس* — **بسلامتی (در هنگام نوشیدن)**

I'll get in touch. — *آیل. گِت. این. تاچ* — **تماس می‌گیرم.**

To have / To be — داشتن / بودن

I have / We have	آی. هَو / وی. هَو	من ... دارم / ما ... داریم.
I have lost	آی. هَو. لاست	من .... را گم کرده‌ام.
I'm / I am.	آیم / آی. اَم	من هستم.
We're / We are.	ویر / وی. آر	ما هستیم.
I'm hungry.	آیم. هانگ رِي	من گرسنه‌ام.
I'm thirsty	آیم. ثِرستي (تِـرستي)	من تشنه‌ام.
I'm lost.	آیم. لاست	من گم شده‌ام.
I'm late.	آیم. لِیت	من دیر کرده‌ام، دیرم شده است.
I'm tired.	آیم. تایِرد	من خسته‌ام.

I'm / You're / He is , She is , It is.

آیم. /یُر /هيِ . ایز /شيِ.ایز.ایت.ایز

من‌هستم/تو(شما)هستی/او(مذکر-مؤنث-خنثی)هست.

We are.	ويِ. آر	ما هستیم.
You are.	یُو. آر	شما هستید.
They are.	دِی. آر	آنها هستند.

It is / There is

ایت.ایز / دِر.ایز — آن است (هست) / هست، وجود دارد

It is / It's.	ایت. ایز / ایتس	آن است (هست).
It isn't	ایت. ایزِنت	آن ... نیست.
Is it ....?	ایز. ایت	آیا آن ... است (هست)؟
It is important.	ایت. ایز. ایمپُرتَنت	مهمّ است.
It's urgent.	ایتس. اُرجِنت	فوری است، اضطراری است.

There is / Ther are ...

دِر. ایز / دِر. آر — هست، وجود دارد / هستند، وجود دارند.

Is there / Are there...?

ایز. دِر / آر. دِر — آیا ... هست، آیا ... وجود دارد / آیا ... هستند، آیا ... وجود دارند؟

There is no	دِر. ایز. نُ	.... وجود ندارد، ... نیست
There are no	دِر. آر. نُ	.... هایی وجود ندارند، ... نیستند.
There isn't any	دِر. ایزنت. اِنیِ	هیچ ... وجود ندارد، هیچ ... نیست.
There aren't any .... دِر. آرِنت. اِنیِ		هیچ ... هایی ... وجود ندارند، هیچ ... هایی ... نیستند.

Quantities. — مقدار و اندازه‌ها.

a little / a lot.	اِ. لیتِل / اِ. لات	یک کم، کمی / زیاد، خیلی
few / a few.	فیوُ / اِ. فیوُ	کم، کمی / چندتا، چند ...
much.	ماچ	زیاد، خیلی (تعداد غیر قابل شمارش)
many.	مِنیِ	زیاد، خیلی (تعداد قابل شمارش)
more / less.	مُر / لِس	بیشتر، دیگر / کمتر
enough / too (much). اِناف / تُو (ماچ)		به اندازهٔ کافی، کافی / زیاد، فراوان.

Opposites. — متضادها.

outside / inside.	آئوت ساید / این ساید	بیرون، خارج / داخل، تو، درون.
near / far.	نیئِر / فار	نزدیک / دور.
easy / difficult.	ایزی / دیفیکُلت	آسان / دشوار.
good / bad.	گُود / بَد	خوب / بد.
cheap / expensive.	چیپ / اِکسپِنسیو	ارزان / گران.
big / small.	بیگ / اِسمال	بزرگ / کوچک.
right / wrong.	رایت / رانگ	درست / غلط.
light / heavy.	لایت / هِویِ	سبک / سنگین.
up / down.	آپ / دائون	بالا / پایین.
open / shut (close).	اُپن / شات (کِلُز)	باز / بسته.
old / young	اُلد / یانگ	پیر / جوان

old / new	اُلد / نیوُ	کهنه / نو
fast / slow	فَست / اِسلُ	تند / آهسته
full / empty	فُول / اِمپْتیِ	پر / خالی
free / occupied	(فیریِ) فریِ / اُکْکیُپید	آزاد / اشغال
early / late	اِرلیِ / لِیت	زود / دیر
hot / cold	هات / کُلد	گرم / سرد

Prepositions / حروف اضافه

on	آن	روی
behind	بیِ هایند	عقبِ، پشتِ
except	اِکسْپت	بجز، به غیر از
at	اَت	در، در کنار
through	ثُرو	از میانِ، از وسطِ، از
during	دیُورینگ	در طول، در طول مدتِ
in	این	در، تو، تویِ
with	ویِز	با
after	آفتر	بعد از
to / towards	تُو / تُوْاردز	به سویِ، به
next to	نِکست. تُو	نزدیکِ، پهلویِ
under	آندِر	زیر
on ...	آن	رویِ ...
over	اُوِر	بالایِ
since	سینس	از
against	اِگِینست	در برابرِ، در مقابلِ، روبرویِ
until	آنتیِل	تا
between	بیتویِن	میانِ، بینِ
from	فِرام	از

for	فُر	برای
before	بیِ فُر	قبل از
in front of	این. فِرانت. آو	روبروی، مقابلِ
without	ویزآئوت	بدون

Some more useful words. — **چند واژهٔ سودمند دیگر**

already	اُل رِدی	تاحالا، فعلاً، همه
then	دِن	سپس، پس از آن، از
and	اَند	و
but	بات	امّا
perhaps	پرهَپس	شاید
nobody	نُ بادی	هیچکس
not	نات	نَ(علامت منفی که همراه فعل می‌آید)
no more	نُ. مُر	بیشتر نه، هم نه
nothing	ناثینگ	هیچی، هیچ
yet	یِت	هنوز
never	نِور	هرگز
now	نائو	حالا، الآن
or	اُر	یا
also	اُلسُ	همچنین، نیز
only	اُنلیِ	فقط
soon	سُوُن	به زودی، زود
always	اُلوِیز	همیشه
very	وِری	خیلی

ASPEN
a winter fantasy
ACAPULCO
where it's always summer
I ♥ New York

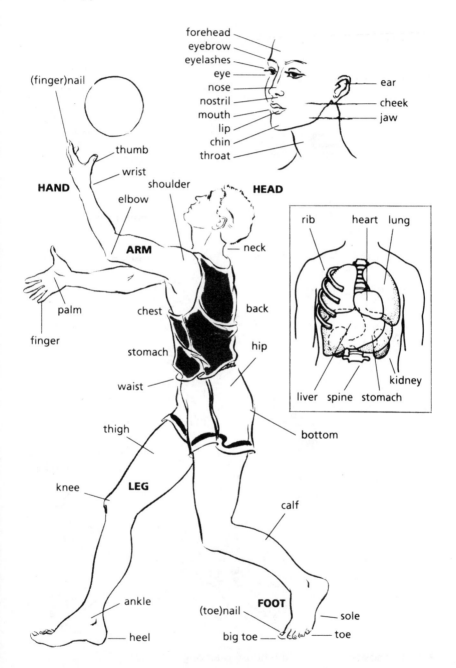

forehead
eyebrow
eyelashes
eye
nose
nostril
mouth
lip
chin
throat

ear
cheek
jaw

(finger)nail

thumb
wrist

HAND
elbow
shoulder

HEAD

ARM
neck

palm
chest
back

finger

stomach
hip

waist

rib   heart   lung

kidney

liver   spine   stomach

thigh

bottom

knee   **LEG**

calf

ankle   **FOOT**   sole

(toe)nail

heel   big toe   toe

Prepositions of place

The lamp is **above** the table.

The meat is **on** the table.

The lorry is **in front of** the car.

The car is **behind** the lorry.

The cat is **under** the table.

Sam is **between** Tom and Kim.

The bird is **in/inside** the cage.

Kim is **next to/beside** Sam.

The temperature is **below** zero.

The girl is leaning **against** the wall.

Kim is **opposite** Tom.　　The house is **among** the trees.

Prepositions of movement

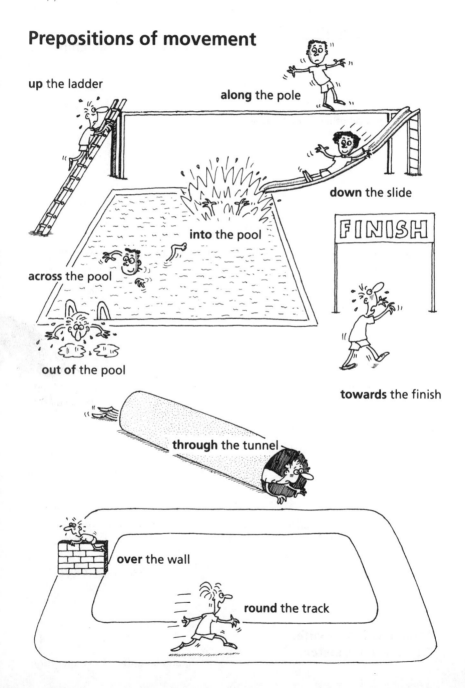

up the ladder

along the pole

down the slide

into the pool

across the pool

out of the pool

FINISH

towards the finish

through the tunnel

over the wall

round the track

GRANDPARENTS

This is Sarah's family.

grandmother grandfather

PARENTS

aunt uncle mother father mother-in-law father-in-law

cousin cousin sister-in-law brother husband sister-in-law brother-in-law

CHILDREN

niece nephew daughter-in-law son daughter son-in-law

GRANDCHILDREN

⋆ Sarah is John's **wife**.
⋆ Kim is Ian's **sister**.

granddaughter grandson

فصل دوّم

ورود
ARRIVAL

Passport control   کنترل گذرنامه (پاسپورت)

برای کلیهٔ مسافرین اتحادیهٔ اروپا (EEC) ورود با کارت شناسایی و یا گذرنامه (پاسپورت) به انگلستان آزاد است. برای سایر مسافران خارجی اخذ ویزا از سفارتخانه‌های آن کشور الزامی است. ضمناً ورود شما با اتومبیلتان از طریق مرز دریایی (دریای شمال) به انگلستان امکان‌پذیر است.

Here is my...	هیر.ایز.مای	بفرمایید این ... من است.
passport	پَس پُرت	گذرنامه، پاسپورت
identity card	آیدِن تی تی.کَرد	کارت شناسایی، شناسنامه
Green Card	گرین.کَرد	کارت سبز
driving licence.	درایوینگ. لایسِنس	گواهینامهٔ رانندگی

Here are my car registration papers.

هیر. آر.مای.کار. رِجیس تِرِیشِن. پِی.پِرز		بفرمایید این مدارک مالکیت اتومبیل من است.
I will be staying...	آی.ویل.بی.اِستِئینگ	من می‌خواهم... بمانم.
a few days	اِ. فیو. دِیز	چند روزی

a week — اِ. ویک — یک هفته

a month — اِ. مُانث (مائونث) — یک ماه

I don’t know yet. — آی. دُنت. نُ. یِت — من هنوز نمیدانم.

I am here on business.

آی. اَم. هییِر. آن. بیزینِس — **برای کار (تجارت) اینجا آمده‌ام.**

I am just passing through.

آی. اَم. جاست. پَسینگ. ثرُو

از اینجا عبور می‌کنم، فقط از اینجا می‌گذرم.

I am here on holiday / for a language course.

آی. اَم. هییِر. آن. هالیدِی / فُر. اِ. لَنگُوئج. کُرس

من برای تعطیلات / برای یک دورهٔ زبان به اینجا آمده‌ام.

I am sorry, I don’t understand.

آی. اَم. ساری. آی. دُنت. آندِرستَند

متأسفم، من متوجّه نمی‌شوم.

Customs — گمرک

در هنگام ورود به هر فرودگاه بین‌المللی ۲ تابلوی زیر به چشم می‌خورد:

goods to declare	nothing to declare
گُودس.تُو.دِکلیئِر	ناثینگ.تُو.دِکلیئِر
همراه داشتن کالای گمرکی	**همراه نداشتن کالای گمرکی**

I have nothing to declare.

آی. هَو. ناثینگ. تُو.دِکلیئِر

کالای گمرکی همراه ندارم، چیزی برای گمرک دادن ندارم.

I have a ... — *آی. هَو. اِ* — **من یک .... دارم.**

a carton of cigarettes — *اِ. کارتُن. آو. سیگَرِتس* — **یک کارتن سیگار**

نوع دخانیات	 سیگار cigarette	 سیگار برگ cigar	 توتون tobacco
مقدار مجاز حمل	۲۰۰ عدد	۵۰ عدد	۲۵۰ گرم

It's for my personal use.

برای استفادهٔ شخصی است. ایتس. فُر. مای. پرسُنال. یُوز

It's not new. ایتس. نات. نیُو

جدید نیست، نو نیست.

This is a gift. دیس. ایز. اِ.گیفت

این یک هدیه است.

Your passport, please. یُر. پَس پُرت. پلیز

لطفاً گذرنامه‌تان.

Your passport is no longer valid.

گذرنامهٔ شما (حالا دیگه) اعتبار ندارد. یُر. پَس پُرت. ایز. نات. لانگِر. وَلید

Do you have anything to declare? دُو. یُو. هَو. اِنی تینگ. تُو. دِکلیئِر

آیا کالای گمرکی همراه دارید؟، آیا چیزی برای اعلام به گمرک دارید؟

Please open this bag. پلیز. اُپِن. دیس. بَگ

لطفاً این کیف را باز کنید.

You will have to pay duty on this.

شما برای این باید گمرکی پرداخت کنید. یُو. ویل. هَو. تُو. پِی. دیوتی. آن. دیس

Do you have any more luggage?

آیا چمدان یا بار دیگری دارید؟ دُو. یُو. هَو. اِنی. مُر. لاگگِیج

Luggage – Porter

بار، اسباب و اثاثیه ــ باربر

Where are the luggage trolleys?

چرخ‌های دستی حمل بار کجاست؟ وِر. آر. دِ. لاگگِیج. تُرَ لِلِیز

Where are the luggage lockers?

کمدهای ویژهٔ بار (اسباب و اثاثیه) کجاست؟ وِر. آر. دِ. لاگگِیج. لُکرز

Where is the left-luggage office?

وِر. ایز. دِ. لِفت. لاگُگِیج. اُفیس

دفتر بار امانتی کجاست؟

porter!

پُرتِر

باربر!

Please take ....

پلیز. تِیک

خواهش می‌کنم ... را برایم بیاورید.

this luggage / my suitcase / that bag

دیس. لاگگِیج / مای. سُوت کِیس / دَت. بَگ

این اسباب و اثاثیه / چمدانم / آن کیف

Take this luggege to the bus / taxi, please.

تِیک. دیس. لاگگِیج. تُو. دِ. باس / تَکسی. پلیز

لطفاً این اسباب و اثاثیه را تا اتوبوس / تاکسی حمل کنید.

How much is that?   هائو. ماچ. ایز. دَت

هزینه‌اش چقدر است؟ چقدر بدهم؟

There is one piece missing.

دِر. ایز. وان. پیس. میسینگ

یک تکه از اسباب و اثاثیه نیست.

Changing money

تبدیل پول و ارز

بانک‌ها در کشور انگلستان و سایر کشورهای اروپایی از دوشنبه تا جمعه، از ساعت ۹/۳۰ صبح تا ۱۵/۳۰ بعد از ظهر و اکثر بانک‌ها روز شنبه تا ساعت ۱۲/۳۰ ظهر باز است. برای تبدیل ارز به هتل‌ها و ایستگاه‌های قطار نیز می‌توان مراجعه کرد.

Where is the nearest bank / exchange office?

وِر. ایز. دِ. نیـیـرِست. بَنک / اِکسچِنج. آفیس

نزدیک‌ترین بانک / صرافی کجاست؟

Can you change these traveller's cheques?

کَن. یُو. چِنج. دیز. تِراوِلِرز. چِکز

آیا می‌توانید این چک‌های مسافرتی را به پول تبدیل (نقد) کنید؟

I'd like to change some ....

آید. لایک. تُو. چِنج. سام

می‌خواهم چند ... را تبدیل (نقد) کنم.

Belgian francs

بِلجِین. فِرانکس

فرانک بلژیک

Dutch guilders

دآچ. گیلدِرز

گیلدِر هلند

What is the exchange rate?

نرخ تبدیل چقدر است؟ *وات. ایز. دِ. اِکسچِنج. رِیت*

I'd like some small change.

من قدری پول خرد می‌خواهم. *آید. لایک. سام. اِسمُل. چِنج*

Where is .... ? ....کجاست؟

Where can I get a taxi?

کجا می‌توانم تاکسی بگیرم (سوار شوم)؟ *وِر. کَن. آی. گِت. اِ. تَکسی*

Where can I hire a car?

کجا می‌توانم اتومبیل اجاره کنم؟ *وِر. کَن. آی. هایِر. اِ. کار*

How do I get to ....? *هائو. دُو. آی. گِت. تو* **چطور می‌توانم به ..... بروم؟**

Is there a bus into town?

آیا اتوبوس برای شهر (مرکز شهر) هست؟ *ایز. دِر. اِ. باس. این‌تُو. تائون*

Where is the ..... ?	*وِر. ایز. دِ*	**........کجاست؟**
bus stop	*باس. استاپ*	**ایستگاه اتوبوس**
information desk	*اینفُرمِیشِن. دِسک*	**میز اطلاعات، اطلاعات**
ticket office	*تیکِت. آفیس(اُفیس)*	**باجهٔ بلیط فروشی**
underground	*آندِرگراند*	**مترو**
booking office	*بُوکینگ. آفیس(اُفیس)*	**باجهٔ رزرو بلیط، باجهٔ فروش بلیط**
post office	*پست. آفیس(اُفیس)*	**پستخانه**
(railway) station	*(رِیل وِی) اِستِیشِن*	**ایستگاه (قطار)**
tourist office	*تُوریست. آفیس(اُفیس)*	**دفتر جهانگردی، دفتر اطلاعات**

Hotel reservation رزرو هتل

Do you have a hotel guide?

آیا دفترچهٔ راهنمای هتل‌ها را دارید؟ *دُو. یُو. هَو. اِ. هتل. گاید*

Could you reserve a room for me?

آیا می‌توانید اتاقی برای من رزرو کنید؟   کُود. یو. رِزِرو. اِ. رُوم. فُر. می

in the centre near the railway / station.

در مرکز شهر نزدیک ایستگاه قطار / ایستگاه.   این. دِ. سِنتِر. نیر. دِ. ریل وِی. اِستِیشِن

a single room   اِ. سینگِل. رُوم   یک اتاق یکنفره

a double room   اِ. دابِل. رُوم   یک اتاق دو نفره

not too expensive   نات. تُو. اِکسپِنسیو   خیلی گران نباشد

Where is the hotel / guest house?

ور. ایز. دِ. هُتِل. اگِست. هائوس   هتل / مهمانسرا کجاست؟

Bed and breakfast (B & B)	Youth hostel
بد. اَند. بِرِکفِست	یائوث. هُستِل
تختخواب و صبحانه	خوابگاه جوانان

Holiday cottage.   هالیدِی. کُتِیج   ویلای اجاره‌ای (برای تعطیلات).

NO VACANCIES   نُ. وِیکِن سِیز   اتاق خالی موجود نیست، جا نداریم.

What is the price per night?

وات. ایز. دِ. پِرایس. پِر. نایت   اجارهٔ آن هر شب چقدر است؟

Don't you have anything cheaper?

دُنت. یُو. هَو. اِنی‌ثینگ. چیپِر   چیز ارزانتری ندارید؟

Do you have a street map?

دُو. یُو. هَو. اِ. اِستریت. مَپ   آیا نقشهٔ خیابان‌ها را دارید؟

Car hire   اجارهٔ اتومبیل

در کنار فروشگاه‌ها و محل‌های تجاری در هر خیابان، مکان‌هایی برای اجارهٔ اتومبیل به چشم می‌خورد، که می‌توان از آن مکان‌ها اتومبیل اجاره کرد. برای اجارهٔ اتومبیل باید حداقل ۲۱ و حداکثر ۷۰ سال سن داشته باشید و حداقل یک سال از صدور گواهینامهٔ

شما گذشته باشد. در انگلستان هزینهٔ بیمه اتومبیل‌های اجاره‌ای به عهدهٔ شرکت بیمهٔ W.A. است.

I'd like to hire a car.

من می‌خواهم اتومبیل اجاره کنم. *آید. لایک. تُو. هایر. اِ.کار*

A small / medium - sized / large car.

اتومبیل کوچک / متوسط / بزرگ *اِ. اِسمُل / مِدیُم ـ سایزد / لارج.کار*

An automatic *اَن. اُتُمَتیک* **اتوماتیک، خودکار**

For a day / a week *فُر. اِ. دِی / اِ. ویک* **برای یک روز / یک هفته**

What's the charge per week / day?

اجارهٔ آن برای یک هفته / یک روز چقدر است؟ *واتز. دِ. چارج. پِر. ویک / دِی*

Do you have any special rates?

آیا نرخ‌های ارزانتر دارید؟ *دُوُ. یُوُ. هَو. اِنی. اِسپِشال. رِیتس*

Is mileage included?

آیا شامل مایل مسافت پیموده شده هم می‌شود؟ *ایز. مایلِیج. این کِلا ئودِدْ*

I want full insurance.

من با بیمهٔ کامل می‌خواهم. *آی. وانت. فُوُل. این ژِرِنس*

What's the charge per mile?

اجارهٔ هر مایل چقدر است؟ *واتز. دِ. چارج. پِر. مایل*

I have a credit card. *آی. هَو. اِ. کِردیت. کَرد* **من کارت اعتباری دارم.**

Here is my driving licence.

بفرمایید، این گواهینامهٔ من. *هییِر. ایز. مای. دِرایوینگ. لایسِنس*

I want to leave the car in .....

من می‌خواهم اتومبیل را در ... تحویل بدهم (بگذارم). *آی. وانت. تُو. لیو. دِ. کار. این*

1 mile = 1,6 km	1 km = 0,6 mile

تاکسی
Taxi

Where can I get a taxi?

کجا می‌توانم یک تاکسی بگیرم (سوار شوم). *وِر. کَن. آی. گِت. اِ. تَکسی*

Please get me a taxi.

پليز. گِت. مي. اِ. تَكسى — لطفاً یک تاکسی برایم بگیرید.

What's the fare to ...... ? *واتس. دِ. فِر. تُو* — نرخ کرایه تا ..... چقدر است؟

How far is it to ..... ? *هائو. فار. ايز. ايت. تُو* — تا ..... چقدر راه است؟

Take me to ...... *تِيک. مي. تُو* — مرا به ...... ببرید.

this address. *ديس. اَدرِس* — این آدرس.

the town centre. *دِ. تائون. سِنتِر* — مرکز شهر.

the port. *دِ. پُرت* — بندر.

the .... Hotel. *دِ. ..... هُتِل* — هُتل .....

the airport. *دي. اِيرپُرت* — فرودگاه.

the station. *دِ. اِستِيشِن* — ایستگاه

the hospital. *دِ. هُسپيتال (هاسپيتال)* — بیمارستان.

I'm in a hurry. *آيم. اين. اِ. هاری* — من عجله دارم.

Turn ...... at the next corner.

تِرن. ... اَت. دِ. نِکست. کُرنِر — سرپیچ بعدی به .... بپیچید.

left / right *لِفت / رايت* — چپ / راست

Go straight ahead. *گُ. اِستريت. اِهِد.* — مستقیم بروید.

Stop here, please. *اِستاپ. هيِر. پليز* — لطفاً همین جا نگه‌دارید.

Could you drive more slowly, please?

کُود. يُو. دِرايو. مُر. اِسْلُلي. پليز — ممکن است لطفاً کمی آهسته‌تر برانید؟

Could you help me carry my luggage?

کُود. يُو. هِلپ. مي. کَري. ماي. لاگگيج

ممکن است در حمل اسباب و اثاثیه‌ام (بارم) به من کمک کنید؟

Would you wait for me, please?

وُد. يُو. وِيت. فُر. مي. پليز — ممکن است لطفاً منتظرم باشید؟

I will be back in 10 minutes.

آی. ويل. بي. بَک. اين. تِن. مينِتس — ۱۰ دقیقهٔ دیگر برمی‌گردم.

Reception
پذیرش هتل

Can you recommend a hotel / guest house?

کَن. یُو. رِکُمْمِند. اِ. هُتِل اگِست هائوس

آیا می‌توانید یک هتل / پانسیون به من معرفی کنید؟

Can I rent ...?	کَن. آی. رِنت	**آیا می‌توانم... اجاره کنم؟**
a flat	اِ. فِلَت	**آپارتمان**
a bungalow	اِ. بانگالُ	**خانهٔ ویلایی**
a holiday cottage	اِ. هالیدِی. کاتْتِج	**ویلای اجاره‌ای (برای تعطیلات)**

Do you have any vacancies?

دُو. یُو. هُوْ. اِنیِ. وِیکِنسیز

آیا اتاق خالی دارید؟

My name is	مای. نِیم. ایز	**اسم من .... است.**
I have a reservation.	آی. هَو. اِ. رِزروِیشِن	**من قبلاً رزرو کرده‌ام.**
I'd like	آید. لایک	**من ..... می‌خواهم.**
a single room.	اِ. سینگِل. رُوم	**یک اتاق یک نفره.**
a double room.	اِ. دابِل. رُوم	**یک اتاق دو نفره.**
a room with	اِ. رُوم. ویز	**یک اتاق با .....**
twin beds.	تواین. بِدز	**دو تخت**
a double bed.	اِ. دابِل. بِد	**یک تخت دونفره.**
a bath.	اِ. بَث	**حمام.**
a shower.	اِ. شاوِر	**دوش.**
with a balcony	ویز. اِ. بالکُنیِ	**با بالکن**
at the back.	اَت. دِ. بَک	**در پشت [ساختمان]**
at the front.	اَت. دِ. فرانت	**در جلو [ساختمان]**
Is there ...?	ایز. دِر	**آیا... وجود دارد (دارد)؟**
air conditioning.	اِیر. کُندیشِنینگ	**تهویهٔ مطبوع**
a fridge.	اِ. فریدج (فیریدج)	**یخچال.**

a radio / television. اِ. ریدیُ / تِلِویژن رادیو / تلویزیون
heating. هیتینگ سیستم حرارتی، گرمایش
It must be quiet. ایت. ماست. بیِ. کُوایت باید ساکت و آرام باشد.

How much? چقدر؟

What is the price ......?
وات. ایز. دِ. پرایس قیمت .... چقدر است؟
per night پِر. نایت هر شب، یک شب
per week پِر. ویک هر هفته، یک هفته
for bed and breakfast
فُر. بِد. آند. بِرکَفست برای تخت و صبحانه
excluding meals اِکسکُولوُدینگ. میلز بدون غذا
for half board فُر. هالف. بُرد
برای نیم پانسیون (تختخواب، صبحانه و یک وعده غذای اصلی)
for full board فُر. فوُل. بُرد
برای تمام پانسیون (تختخواب و تمام وعده‌های غذا)
Is breakfast included?
ایز. بِرکَفست. اینکِلائودِدْ آیا شامل صبحانه هم می‌شود؟
Do you charge for the baby?
دُو. یُو. چارج. فُر. دِ. بِیبیِ آیا برای بچّه‌ها هم پول می‌گیرید؟
It is too expensive. ایت. ایز. تُو. اِکسپِنسیو خیلی گران است.
May I see the room? مِی. آی. سی. دِ. رُوم آیا می‌توانم اتاق را ببینم؟
Fine, I will take it.
فاین. آی. ویل. تِیک. ایت خوب، من اتاق را می‌خواهم.
No, I don't like it.
نُ. آی. دُنت. لایک. ایت نه، نمی‌پسندم (آنرا نمی‌خواهم).
It's too ..... ایتس. تُو آن خیلی ..... است.

HOTEL / هتل

dark / small	دارک / اِسمُل	تاریک / کوچک
cold / hot	کُلد / هات	سرد / گرم
noisy	نُیزي	پر سر و صدا

Could you put an extra bed / a cot in the room?

کُود. یُو. پُوت. آن. اِکسْترا. بِد / اِ. کات. این. دِ. رُوُم

آیا ممکن است یک تخت اضافه / یک تخت‌خواب بچّه در اتاق بگذارید؟

cheaper	چیپِر	ارزانتر
quieter	کُوایتِر	ساکت‌تر

Do you have anything ....?

دُو. یُو. هَو. اِنی‌ثینگ

آیا چیزی ...... دارید؟

better / bigger	بِتِر / بیگِر	بهتر / بزرگتر

Do you have a room with a better view?

دُو. یُو. هَو. اِ. رُوُم. ویز. اِ. بِتِر. ویوع

آیا اتاقی با چشم‌انداز بهتر دارید؟

Registration Form		فرم ثبت‌نام
Name / First name.	نِیم. فِرست. نِیم	نام خانوادگی / نام.
Home address / street / Number.		
	هُم. اَدرِس / اِستریت / نامبِر	آدرس منزل (محل زندگی) / خیابان / شماره.
Nationality / Occupation.		
	نَشنالیتی / اُککُوپیشِن	ملیّت / شغل.
Date / Place of birth.	دِیت / پلِیس. آو. برث	تاریخ / محل تولّد.
Passport number.	پَس‌پُرت. نامبِر	شمارهٔ گذرنامه.
Place / Date.	پلِیس / دِیت	محل / تاریخ.
Signature.	سیگنیچِر	امضا.

Would you mind filling in this registration form?

وُود. یُو. مایند. فیلینگ. این. دیس. رِجیستریشِن. فُرم

آیا ممکن است این فرم را پر کنید؟

What does this mean? وات. داز. دیس. مین

این چه معنی می‌دهد؟

Please sign here.	*پليز. ساين. هيير*	**لطفاً اينجا را امضا كنيد.**

How long will you be staying?

چه مدّت می‌خواهید بمانید؟ *هائو. لانگ. ویل. بی. اِستِیئینگ*

General requirements — نیازهای عمومی

What is my room number?

شمارهٔ اتاق من چند است؟ *وات. ایز. مای. رُوم. نامبِر*

Will you have our luggage sent up?

آیا ممکن‌است اسباب و اثاثیه‌مان را بالا بفرستید؟ *ویل. یُو. هَو. آئور. لاگِیج. سِنت. آپ*

Can you give me the key, please?

لطفاً ممکن است کلید را به من بدهید؟ *کَن. یُو. گیو. می. دِ. کي. پليز*

Where can I park my car?

کجا اتومبیلم را می‌توانم پارک کنم؟ *وِر. کَن. آی. پارک. مای. کار*

Room	*رُوم*	**اتاق**
Room 123.	*رُوم. وان. تـوُ. ثري*	**اتاق ۱۲۳.**
May I have .....?	*مِی. آی. هَو*	**ممکن است ..... برایم بیاورید؟**
an ashtray	*اَن. اَشتري*	**زیرسیگاری**
a bath towel	*اِ. بَث. تُوِل*	**حولهٔ حمام**
some toiletpaper	*سام. تُیلِت‌پیپِر*	**کاغذ توالت**
a blanket	*اِ. بلانکِت*	**پتو**
an iron	*اَن. آیرُن*	**اتو**
some soap	*سام. سُوپ*	**چندتا صابون**
some hangers	*سام. هَنگِرز*	**چند تا چوب لباسی**
Where is the .....?	*وِر. ایز. دِ*	**...... کجاست؟**
lift	*لیفت*	**آسانسور، بالابر**
emergency exit.	*اِمِرجِنسی. اِگزیت*	**درِ خروجی اضطراری**
toilet	*تُیلِت*	**توالت**

Can you find me a ....?

آیا می‌توانید برای من یک .... پیدا کنید؟ *کَن. یُو. فایند. مي. اِ*

babysitter	بِیبی. سیتِر	بچّه نگهدار، پرستار بچّه
typewriter	تایپ رایتِر	ماشین‌نویس
secretary	سِکرِتِری	منشی

Hotel staff	هُتِل. اِستَف	کارکنان هتل
manager	مَنیجِر	رییس، مدیر
maid	مِید	مستخدمه، خانم خدمتکار
waiter	ویتِر	آقای پیشخدمت
waitress	ویتِرِس	خانم پیشخدمت
porter	پُرتِر	باربر
receptionist	رِسِپشِنیست	متصدی پذیرش
switchboard	سُوئیچ بُرد	متصدی صفحهٔ سویچ، تلفنچی
operator	اُپریتِر	اپراتور، تلفنچی

Telephone – Post — تلفن ـ پست

Can you get me Manchester 123-45-67?

کَن. یُو. گِت. می. مَنچِستِر. وان. تُو. ثری. فُر. فایو. سیکس. سِوِن

آیا می‌توانید شمارهٔ ۶۷ - ۴۵ - ۱۲۳ منچستر را برای من بگیرید؟

Do you have any stamps?

دُو. یُو. هَو. اِنی. اِستَمپز — **آیا تمبر دارید؟**

Would you post this for me, please?

وُد. یُو. پُست. دیس. فُر. مي. پليز — **ممکن است لطفاً این را برای من پست کنید؟**

Are there any letters for me?

آر. دِر. اِني. لِتِرز. فُر. مي — **نامه ندارم؟**

Are there any messages for me?

آر. دِر. اِني. مِسِجيز. فُر. مي — **پیغام ندارم؟**

How much is my telephone bill?

هائو. ماچ. ایز. مای. تِلِفُن. بیل — **صورتحساب تلفن من چقدر می‌شود؟**

Difficulties سختی‌ها (دردسرها) و مشکلات

The ..... doesn't work.	دِ ..... دازِنت. وُرک.	این ..... کار نمی‌کند.
light	لایت	چراغ، برق
radio	رِیدیو (رِیدیُ)	رادیو
heating	هیتینگ	سیستم حرارتی، گرمایش
The tap is dripping.	دِ تِپ. ایز. درِاپینگ	شیر آب چکه می‌کند.
There is no hot water.	دِر. ایز. نُ. هات. واتِر.	آب گرم نیست.

The window / The door is jammed.

دِ. ویندو / دِ. دُر. ایز. جَمْمِد.

پنجره / در باز نمی‌شود (گیر کرده است).

My room hasn't been prepared

مای. رُوم. هَزِنت. بین. پریپِرد

اتاق من آماده نشده است.

The ... is broken.	دِ ..... ایز. بُرُکِن	... شکسته است (خراب است).
lamp	لامپ	لامپ، چراغ
switch	سُوئیچ	کلید (برق)
socket	ساکِت	پریز (برق)

Can you get it repaired?

کَن. یُو. گِت. ایت. ریپِئرد

آیا ممکن است آن را بدهید تعمیر کنند؟

Laundry - Dry cleaner's (مغازهٔ) لباس‌شویی و (مغازهٔ) خشک‌شویی

I want these clothes .....

آی. وانت. دیز. کِلُزز

من می‌خواهم این لباس (لباسها) ...

cleaned.	کیلیند	تمیز شود.
ironed.	آیروند	اتو شود.
washed.	واشد	شسته شود.

When will they be ready?

وِن. ویل. دِی. بی. ردِی

چه وقت (آنها) حاضر می‌شود؟

I need them ..... آی. نید. دِم

من آنها را ..... می‌خواهم.

urgently	*آرجِنتلي*	**فوری**
today	*تُودِی*	**امروز**
tonight	*تُونایت*	**امشب**
tomorrow	*تُومُررو*	**فردا**
before Friday	*بیفُر. فرایدِی*	**قبل از جمعه**
This isn't mine.	*دیس. ایزِنت. ماین*	**این مال من نیست.**

There is a hole in this.

دِر. ایز. اِ. هُل. این . دیس **سوراخ است. (یک سوراخ در این است)**

Hairdresser's ـ Beauty salon آرایشگاه ـ سالن زیبایی

Is there a hairdresser's / beauty salon in the hotel?

ایز. دِر. اِ. هِیردِرِسِرز / بی یُوتی. سَلُن. این. دِ. هُتل

آیا آرایشگاه / سالن زیبایی در هتل هست؟

Can I make an appointment for Friday?

کَن. آی. مِیک. اَن. اَپُیینت مِنت. فُر. فرایدِی

آیا می‌توانم برای روز جمعه وقت قبلی بگیرم؟

I'd like a shampoo and set.

آید. لایک. اِ. شَمپُ. اَند. سِت **شامپو و خشک کردن می‌خواهم.**

I'd like a haircut, please.

آید. لایک. اِ. هِیرکات. پلیز **لطفاً می‌خواهم موهایم را اصلاح کنم.**

I'd like ...	*آید. لایک*	**من ... می‌خواهم.**
a face ـ pack	*اِ. فیس. پَک*	**ماسک صورت.**
some hair gel.	*سام. هِیر. جل*	**کمی ژل مو.**
a dye	*اِ. دای*	**رنگ مو**

The parting on the left / right / in the middle.

دِ. پارتینگ. آن. دِ. لِفت / رایت / این. دِ. میدِل **فرق به چپ / راست / وسط سر**

I'd like a shampoo for ... hair

آید. لایک. اِ. شَمپُ. فُر. ..... هِیر **من یک شامپو برای موهای ..... می‌خواهم.**

dry / normal / greasy

خشک / معمولی / چرب — *درای / نُرمال / گریزی*

Don't cut it too short.

زیاد کوتاه نکنید. — *دُنت. کات. ایت. تُو. شُرت*

A little more off the .... *اِ. لیتِل. مُر. آف. دِ* یک کمی بیشتر ..... را کوتاه کنید.

back / top. *بَک / تاپ* عقب / بالا.

neck / sides. *نِک / سایدز* پشت گردن / بغل‌های مو.

I don't want any hairspray.

من اسپری موی (ثابت کنندهٔ مو) نمی‌خواهم. — *آی. دُنت. وانت. اِنی. هِیراسپِری*

I'd like a shave. *آید. لایک. اِ. شِیو*

می‌خواهم صورتم را اصلاح کنم، می‌خواهم ریشم را بزنم.

Checking out — تسویه حساب و ترک کردن

May I have my bill, please?

ممکن است لطفاً صورتحسابم را بیاورید؟ — *مِی. آی. هَو. مای. بیل. پلیز*

I am leaving early in the morning.

من صبح زود اینجا را ترک می‌کنم. — *آی. ام. لیوینگ. اِرلیِ این. دِ. مُرنینگ*

Please have my bill ready.

لطفاً صورتحسابم را آماده کنید. — *پلیز. هَو. مای. بیل. رِدیِ*

I must leave at once.

باید فوراً ترک کنم (بروم). — *آی. ماست. لیو. اَت. وانس*

We will be checking out around noon.

ما حدود ظهر تسویه حساب می‌کنیم. — *ویِ. ویل. بیِ. چِکینگ. اَئوت. اِرَئوند. نُون*

Can I pay by .....? *کَن. آی. پِی. بای* آیا می‌توانم با ..... پرداخت کنم؟

You have my home address.

شما آدرس منزلم (محل زندگیم) را دارید. — *یو. هَو. مای. هُم. اَدرِس*

It has been a very enjoyable stay.

ایت. هَز. بین. اِ. وِری. این جُی بِل. اِستِی

اقامت بسیار خوبی داشتیم، در اینجا به من خیلی خوش گذشت.

Camping

اردو یا چادر زدن

در سراسر کشورهای اروپایی و از جمله کشور انگلستان محل‌هایی برای اقامت موقّت کاراوانها و چادرزدن وجود دارد. این مکانها بسیار ارزان قیمت و برای اقامت موقّت ایده‌آل است.

Is there a camp site near here?

ایز. دِر. اِ. کَمپ. سایت. نییِر. هییِر **آیا نزدیک اینجا محل اردو (چادر زدن) وجود دارد؟**

Can we camp here?

کَن. وی. کَمپ. هییِر **آیا اینجا می‌توانیم اردو (چادر) بزنیم؟**

NO CAMPING	نُ. کَمپینگ	**اردو (چادر) زدن ممنوع**
NO CARAVANS	نُ. کاراوانز	**کاراوانها (ولگن‌ها) ممنوع**

What is the charge .....?	وات. ایز. دِ. چارج ؟.....	**کرایه .... چقدر است؟**
per day	پِر. دِی	**روزانه**
per person	پِر. پِرسُن	**هر شخص (نفر)**
for a car	فُر. اِ. کار	**برای هر ماشین**
for a tent	فُر. اِ. تِنت	**برای هر چادر**
for a caravan	فُر. اِ. کاراوان	**برای هر کاراوان (واگن)**
Is there .....?	ایز. دِر.....	**آیا ..... وجود دارد؟**
drinking water	دیرینکینگ. واتر	**آب آشامیدنی**
electricity	ایلِکتیریسیتی	**برق**
a playground	اِ. پلِی گِرائوند	**زمین بازی**
a swimming pool	اِ. سُوِایمینگ. پُول	**استخر، استخر شنا**

Where can I get butane gas?

وِر. کَن. آی. گِت. بُتَن. گَس **کجا می‌توانم گاز بوتان بگیرم (تهیه کنم)؟**

۵۰

Water-birds and sea-birds

coot
curlew
bill
snipe
cormorant
plover
puffin
kingfisher
gull
heron
swan
duck
50 cms

Game birds

quail
pheasant
partridge
grouse

Farmyard birds

comb
cock
hen
chicken
turkey
goose

فصل سوّم

صرف غذا بیرون از منزل
EATING OUT

Meal times — **زمان وعده‌های غذا**

7 _ 11 (breakfast) — **۷ تا ۱۱(صبحانه)**

12 _ 14 (lunch) — **۱۲ تا ۱۴(نهار)**

19 _ 22 / 23 (dinner) — **۱۹ تا ۲۲ یا ۲۳ (شام)**

Eating out — **صرف غذا بیرون از منزل**

I'm hungry / thirsty. *آیم. هانگری / تِرستی* **من گرسنه / تشنه هستم.**

Can you recommend a good restaurant?

کَن. یُو. ریکُمِند. اِ. گُود. رِستُرانت **آیا می‌توانید یک رستوران خوب معرفی کنید؟**

Is there an inexpensive restaurant around here?

ایز. دِر. اَن. این اِکسپِنسیو. رِستُرانت. اِرئوند. هییِر

آیا رستوران ارزان این اطراف (نزدیکی‌ها) پیدا می‌شود؟

I'd like to reserve a table for 5.

آید. لایک. تُو. رِزِرو. اِ. تِیبِل. فُر. فایو **می‌خواهم برای ۵ نفر یک میز رزرو کنم.**

ما ساعت ۸ می‌آییم.	وی. ویل.کام. اَت. اِیت	We will come at 8.

Could we have a table .....?

آیا ممکن است میز ما .... باشد؟	کُود. وی. هَو. اِ. تِیبِل	
خارج، بیرون	اَئوت ساید	outside
در گوشه	این. دِ. کُرنِر	in the corner
کنارِ پنجره	بای. دِ. ویندو	by the window

in the non - smoking section

در قسمت غیرسیگاری‌ها	این. دِ. نائون. اِسمُکینگ. سِکشِن	
روی تراس	آن. دِ. تِراس	on the terrace

درخواست و سفارش   Asking and ordering

I'd like something to´eat / drink.

چیزی برای خوردن / نوشیدن می‌خواهم.	آید. لایک. سام‌ثینگ. تُو. اِیت / دیرینک	

May I have the menu / the drink list, please?

ممکن است لطفاً صورت غذا / صورت نوشیدنی‌ها را برایم بیاورید؟	می. آی. هَو. دِ. مِنُ / دِ. دِرینک. لیست. پلیز	

آن چیست؟	وات. ایز. دَت	What is that?
من عجله دارم.	آیم. این. اِ. هاری	I'm in a hurry.

Can you serve me immediately?

آیا ممکن است غذایم را فوراً بیاورید؟	کن. یُو. سِرو. می. ایمیدی‌یِیت‌لی	

Could we have a plate for the child?

آیا ممکن است بشقابی برای بچّه‌مان به ما بدهید؟	کُود. وی. هَو. اِ. پِلِیت. فُر. دِ. چایلد	

Could we have .... please?

ممکن است لطفاً .... برایمان بیاورید؟	کُود. وی. هَو. .... پلیز	
یک بشقاب	اِ. پِلِیت	a plate
یک بطری	اِ. بُتِل. آو	a bottle of .....
یک لیوان (گیلاس)	اِ. گِلَس	a glass

a cup	اِ. کاپ	**یک فنجان**
a spoon	اِ. اِسپُون	**یک قاشق**
(some) matches	سام. مَتچیز	**(چند تا) کبریت**
a knife	اِ. نایف	**یک چاقو**
a napkin	اِ. نَپکین	**یک دستمال سفره**
a fork	اِ. فُرک	**یک چنگال**
I'd like some	آید. لایک. سام	**من مقداری (کمی) .... می‌خواهم.**
vinegar.	وینیجِر	**سرکه.**
butter.	باتِر	**کره.**
bread.	بِرِد	**نان.**
oil.	اُیل	**روغن.**
pepper.	پِپِر	**فلفل.**
suger.	شُوگِر	**شکر.**
salt.	سالت	**نمک.**

Can I have some more .....?

کَن. آی. هَو. سام. مُر — **آیا ممکن است کمی دیگر .... برایم بیاورید؟**

Nothing more, thanks.

ناثینگ. مُر. ثنکس (تَـنکس) — **کافی است، خیلی متشکرم.**

Diet — رژیم غذایی

I'm on a diet. — *آیم. آن. اِ. دایت* — **من رژیم غذایی دارم.**

I musn't eat food containing ......

من نباید غذاهایی را که دارای ..... هستند، بخورم. *آی. ماسِنت. ایت. فُود. کُنتینینگ. ...*

fat.	فَت	**چربی.**
sugar / salt.	شُوگِر / سالت	**شکر / نمک.**

Do you have .... for diabetics?

دُو. یُو.هَو. ... فُر. دایابِتیکس — **آیا شما ...... برای بیماران قند دارید؟**

cakes	کِـیکس	**کیک**
a special menu	اِ. اِسپِشال. مِنُ	**صورت غذای مخصوص**

fruit juice	فُروت. جُوس	آب میوه

Breakfast
صبحانه

I'd like breakfast, please.

آید. لایک. بِرِک‌فَست. پلیز — لطفاً صبحانه می‌خواهم.

I'd like	آید. لایک	من ...... می‌خواهم.
(hot) chocolate.	(هات) چاکلِت	شیرکاکائو (گرم).
(some) coffee	(سام) کافْفی	قهوه.....
with milk / cream.	ویز. میلک / کِرِم	با شیر / خامه.
decaffeinated.	دِکَفْفِ ئینِیتِد	بدون کافئین.
without milk.	ویزآئوت. میلک	بدون شیر.
(some) milk.	(سام) میلک	مقداری شیر.
cold / hot.	کُلد / هات	سرد / گرم.
(some) orange juice.	(سام) اُرَنج. جُوس	آب پرتقال.
(some) tea.	(سام) تی	چای.

May I have some ......?

مِی. آی. هَو. سام. ...... — آیا ممکن است مقداری (کمی) ... برایم بیاورید؟

butter	باتِر	کره
bread	بِرِد	نان
rolls	رُلز	نان باگِت، گردهٔ نان
eggs	اِگز	تخم‌مرغ(ها)
fried eggs	فِرِید. اِگز	تخم‌مرغ نیمرو، نیمرو
boiled egg	بُیلد. اِگ	تخم‌مرغ آب‌پز، تخم‌مرغ پخته
hard / soft	هارد / سُفت	سفت / شل و عسلی
honey	هانی	عسل
jam	جَم	مربا
cheese	چیز	پنیر
marmalade	مارمالاد	مربای پرتقال، مارمالاد

toast — تُست — نان‌برشته، نان‌سوخاری، نان‌تُست

Could you bring me ....?

کُود. یُو. برینگ. مي — ممکن است ..... برایم بیاورید؟

some hot / cold water — سام. هات / کُلد. واتر — مقداری آب گرم / سرد

What's on the menu? — در صورت غذا (منو) چیست؟

تابلویی که در جلوی هر رستوران به چشم می‌خورد:

Dish of the day.	دیش. آو. دِ. دِی	غذای روز
Set menu	سِت. مِنُ	صورت غذای هر روزه
Speciality of the house.	اِسپِشیالیتی. آو. دِ. هائوس	غذای مخصوصِ طبخ منزل
When in season	وِن. این. سیزِن	غذای فصل
Minimum charge	مینیمُم. چارج	(غذای) حداقل قیمت

beer. — بیِر — ماءالشعیر.

dessert. — دیزِرت — دِسِر.

drinks. — دیرینکس — نوشیدنی‌ها.

fish. — فیش — ماهی.

fruit. — فُروُت — میوه.

meat. — میت — گوشت.

potatoes. — پُتِیتُز — سیب‌زمینی.

rice. — رایس — برنج.

salads. — سَلادس — سالادها.

seafood. — سی‌فُود — غذای دریایی.

snacks. — اِسنَکس — غذاهای سبک، غذاهای سرپایی.

soups. — سُوپس — سوپ‌ها.

starters. — اِستارتِرز — پیش‌غذاها، اشتهاآورها

tea. — تي — چای.

vegetables.	وِجْتِیبِلز	سبزیجات.

Starters
پیش‌غذاها، اشتهاآورها

caviar.	کاویار	خاویار.
cold cuts.	کُلد. کاتس	گوشت پختهٔ سرد.
crab cocktail.	کِرَب. کُکتِیل	(غذای) مخلوط خرچنگ.
cucumber.	کُوکامبر	خیار.
eggs.	اِگز	تخم‌مرغ(ها).
hard _ boiled.	هارد. بُیلد	آب‌پز، سفت.
fish.	فیش	ماهی.
grapefruit.	گریپ‌فُرُوت	گریپ‌فروت.
orange.	اُرَنج	پرتقال.
liver sausage.	لیوِر. سائوسِج	سوسیس جگر.
melon.	مِلُن	خربزه.
mushrooms.	ماش رُومز	قارچ.
mussels.	ماسِلز	صدف خوراکی، ماسِل.
omelette.	اُمِلِت	املت.
potato salad.	پُتِیتُ. سَلاد	سالاد سیب‌زمینی.
salad.	سَلاد	سالاد.
sardines.	ساردینز	ساردین‌ها (ماهی‌های کنسرو شده).
tomato juice.	تُمِیتُ جُوس	آب گوجه‌فرنگی.
tuna.	تُنا	ماهی تُن، تُن.
French dressing.	فِرِنچ. دِرِسینگ	سس سالاد (ترکیبی از سرکه، روغن زیتون و ادویه)

Soups
سوپ‌ها

I'd like some soup.	آید. لایک. سام. سُوپ	من مقداری سوپ می‌خواهم.
crab soup.	کِرَب. سُوپ	سوپ خرچنگ.

chicken soup.	چیکِن. سوپ	**سوپ مرغ.**
French onion soup.	فِرِنچ. اُنیون. سوُپ	**سوپ پیاز فرانسوی.**
soup of the day.	سُوپ. آو. دِ. دِی	**سوپ روز.**
spinach soup.	اِسپیناچ. سوُپ	**سوپ اسفناج.**
tomato soup.	تُمیتُ. سوُپ	**سوپ گوجه‌فرنگی.**
vegetable soup.	(وِجْتِبِل) وِجِتِبِل. سوُپ	**سوپ سبزی.**

Meats — گوشت‌ها

I'd like some	آید. لایک. سام	**من مقداری ..... می‌خواهم.**
veal.	ویل	**گوشت گوساله.**
lamb.	لَم	**گوشت بره.**
beef.	بیف	**گوشت گاو.**
chop.	چُپ	**گوشت دنده، گوشت کتلت.**
kidneys.	کیدنیز	**قلوه.**
leg.	لِگ	**گوشت ران.**
liver.	لیوِر	**جگر.**
sausage.	سائوسِج	**سوسیس.**
shoulder.	شُلدِر	**گوشت سردست.**
tongue.	تُنگ	**زبان.**

barbecued.	باربیکیُود	**کباب شدهٔ روی منقل.**
roast.	رُست	**روی‌صفحهٔ‌روستربرشته‌شده.**
fried.	فْرِید	**سرخ کرده.**
boiled.	بُیلد	**آب‌پز، پخته شده.**
cold.	کُلد	**سرد.**
underdone.	آندِردائون	**آبدار (کباب و استیک).**
medium.	مِدْیُم	**متوسط سرخ یا پخته شده.**
well _ done.	وِل ـ دائون	**کاملاً پخته، پختهٔ پخته.**

barbecued chicken.	باربیکیُود. چیکِن	مرغ کباب شدهٔ روی منقل.
roast chicken.	رُست. چیکِن	مرغ برشته شده روی صفحهٔ روستر.
duck.	داک	اردک، مرغابی.
duckling.	داک‌لینگ	جوجه اردک، جوجه مرغابی.
goose.	گُز	غاز.
rabbit.	رابیت	خرگوش.
turkey.	تِرکي	بوقلمون.

Vegetables — سبزیجات، سبزی‌ها

aubergine.	اُبِرجین	بادمجان.
French beans.	فِرنچ. بینز	لوبیای‌سبز.
kidney beans.	کیدني. بینز	لوبیای قرمز.
cabbage.	کَبیج	کلم.
corn.	کُرن	ذرّت.
leek.	لیک	تره فرنگی.
onions	آنیونز	پیاز.
peas.	پیز	نخود، نخود سبز.
salad.	سَلاد	سالاد.

What vegetables do you have?

وات. وِجِتِبِلز. دُوُ. یُو. هَو — چه سبزیجاتی (سبزی‌هایی) دارید؟

Potatoes _ Rice — سیب زمینی ـ برنج

در کلیهٔ کشورهای اروپایی، می‌توانید رستوران‌های چینی و هندی را که فوق‌العاده ارزان قیمت و از نظر کیفیت غذایی نیز بسیار خوب است پیدا کنید. این رستوران‌ها غذاهای سنتی با طعم بسیار تند دارند که لازم است جملهٔ:

(نات. تُو. هات Not too hot زیاد فلفل نداشته باشد)

را دربارهٔ این رستوران‌ها به خاطر داشته باشید.

chips.	چیپس	چیپس.

macaroni.	*ماکاُرنی*	**ماکارونی.**
macaroni cheese.	*ماکاُرنی. چیز*	**ماکارونی با سُس پنیر.**
potatoes.	*پُتیتُز*	**سیب‌زمینی.**
baked.	*بیکد*	**پخته شده، تنوری.**
fried.	*فرِید*	**سرخ کرده.**
rice.	*رایس*	**برنج.**
boiled.	*بُیلد*	**پخته شده، کته شده (برای برنج).**

Fruit — میوه، میوه‌ها

Do you have any fresh fruit?

دُو. یُو. هَو. اِنی. فرِش. فُرُوت — **آیا میوهٔ تازه دارید؟**

apple.	*اَپل*	**سیب.**
banana.	*بَ نانا*	**موز.**
grapefruit.	*گِریپ فُرُت*	**گریپ فروت.**
lemon.	*لِمِن*	**لیموترش، لیمو.**
melon.	*مِلُن*	**خربزه.**
orange.	*اُرَنج*	**پرتقال.**
pear.	*پیر*	**گلابی.**
pineapple.	*پین اَپل*	**آناناس.**
strawberries.	*استرائوبِریز*	**توت فرنگی.**

Dessert — دِسِر

I'd like a dessert, please.

آید. لایک. اِ. دیزرت. پلیز — **لطفاً دسر می‌خواهم.**

Something light, please.

سام ثینگ. لایت. پلیز — **لطفاً یک چیز (دسر) سبک.**

I'd like to try ......

آید. لایک. تُو. تِرای — **من می‌خواهم .... را مزه‌مزه و امتحان کنم.**

Just a small portion.

یک پرس کوچک (یکنفره).   جاست. اِ. اِسمُل. پُرشِن

Nothing more, thanks.   ناثینگ. مُر. تَنکس   کافی است، خیلی متشکرم.

apple pie.   اَپِل. پای   (شیرینی) پایِ سیب.

Christmas pudding.   کریستمَس. پُودینگ   پودینگ کریسمس.

Dutch apple pie.   داچ. اَپِل. پای   (شیرینی) پایِ سیب هلندی.

fools.

کِرم میوه‌ها (مخلوطی از میوه‌ها، شکر و خامه).   فُلس

summer pudding.   سامِر. پُودینگ   پودینگ تابستانی.

blancmange.

بلامانژ (یک نوع کیک سفید فرانسوی).   بِلِ مانژ (کلمه فرانسوی است)

cheesecake   چیزکیک   کیک‌پنیر.

chocolate pudding.   چاکُلیت. پُودینگ   پودینگ شکلاتی.

cream.   کِرم   کِرم، خامه، سرشیر.

cream caramel.   کِرم. کارامِل   کِرم کارامل.

fruit salad.   فُرُت. سَلاد   سالاد میوه.

ice cream.   آیس. کِریم   بستنی.

jelly.   جِللی   ژله.

tart.

تارت (کیک میوه‌ای همراه با وانیل زیاد).   تَرت

waffles.   وَفِلز   وافل‌ها،نوعی‌کیک‌های‌چهارگوش

که در لیست دسر هم هست.

banana.   بَ نانا   موز.

lemon.   لِمِن   لیموترش، لیمو.

orange.   اُرِنج   پرتقال.

pistachio (pistach).   پیستاشیو(پیستاش)   پسته.

coffee.   کافی   قهوه.

Nonalcoholic drinks | نوشیدنی‌های غیرالکلی

I'd like some	آید. لایک. سام	من مقداری .... می‌خواهم.
apple juice.	اَپل. جُوس	آب سیب.
iced tea.	آیست (آیسد). تی	چای سرد.
lemonade.	لِمونید (لِمُناد)	لیموناد.
mineral water.	مینِرال. وُتِر. (واتر)	آب معدنی.
fizzy.	فیزی	گازدار (نوشابه).
still.	اِستیل	بی‌گاز، بی‌جوش (نوشابه).
tomato juice.	تُمیتُ. جُوس	آب گوجه‌فرنگی.
fruit juice.	فُروت. جُوس	آب میوه.
pineapple juice.	پین اَپل. جُوس	آب آناناس.
lemon juice.	لِمِن. جُوس	آب لیمو (ترش).
orange juice.	اُرَنج. جُوس	آب پرتقال.
I'd like a	آید. لایک. اِ	من یک .... می‌خواهم.
soft drink.	سافت. دیرینک	نوشابهٔ غیرالکلی.
a glass of water.	اِ. گِلَس. آو. وُتر (واتر)	یک لیوان آب.

CHEERS	چیرز	به سلامتی

What would you like to drink?

وات. وُد. یُو. لایک. تُو. دیرینک — نوشیدنی چه میل دارید؟

Tea-time and Coffee | زمان چای (عصرانه) و قهوه

A pot of tea for 4, please.

اِ. پُت. آو. تی. فُر. فُر. پلیز — لطفاً یک قوری چای ۴ نفره.

A cup of tea with lemon, please.

اِ. کاپ. آو. تی. ویز. لِمِن. پلیز — لطفاً یک فنجان چای با لیمو ترش.

No milk, please — نُ.میلک.پلیز — لطفاً بدون شیر.

Some sugar, please.	*سام.شُوگِر.پلیز*	لطفاً مقداری شکر.
With milk, please.	*ویز.میلک.پلیز*	لطفاً با شیر.
butter.	*باتِر*	کره.
bread.	*بِرد*	نان.
rolls.	*رُلز*	نان باگِت، گردهٔ نان.
cake.	*کیک*	کیک.
honey.	*هانی*	عسل.
jam.	*جَم*	مربا.
biscuits.	*بیسکیتس*	بیسکویت.
fruit - cake.	*فُـرُت -کِـیک*	کیک میوه‌ای.
coffee.	*کافی*	قهوه.

I'd like a cup of coffee, please.

آید. لایک. اِ. کاپ. آو. کافی. پلیز		لطفاً یک فنجان قهوه می‌خواهم.
iced coffee.	*آیست (آیسد). کافی*	قهوهٔ سرد.
white coffee.	*وایت. کافی*	قهوه با شیر، شیرقهوه.
black coffee.	*بلَک. کافی*	قهوهٔ بدون شیر (قهوهٔ سیاه).
decaffeinated coffee.	*دِکَفِف ئینِیتِد. کافی*	قهوهٔ بدون کافئین.
cream.	*کِرِم*	کِرم، خامه، سرشیر.
double cream.	*دابل. کِرِم*	با کرم یا خامهٔ زیاد.
single cream.	*سینگِـل. کِـرِم*	باکرم یا خامهٔ کم.
sour cream.	*سار. کِـرِم*	خامهٔ ترش.
milk.	*میلک*	شیر.
skimmed milk.	*اِسْکیمِد. میلک*	شیر بدون خامه، شیر رژیمی.

Complains — شکایت‌ها و انتقادها (در رستوران)

There is a plate / glass missing.

دِر.ایز. اِ. پلِیت. گِلَس. میسینگ — یک بشقاب / لیوان کم است.

I don't have a spoon / knife / fork.

آی.دُنت.هَوِا. اِسپُون / نایف / فُرک

من قاشق / چاقو / چنگال ندارم.

That's not what I ordered.

دَتس.نات.وات.آی.اُردِرد

آن چیزی نیست که من سفارش دادم.

I asked for...

آی.آسکُد.فُر

من سفارش ... را دادم.

There must be some mistake.

دِر.ماست.بی.سام.میستیک

باید اشتباهی روی (رخ) داده باشد.

May I change this?   می.آی.چِنج.دیس

آیا ممکن است این را عوض کنم؟

I asked for a small portion (for the child).

من یک پرس کوچک (برای بچّه) سفارش دادم.   آی.آسکُد.فُرِا. اِسمُل.پُرشِن (فُر.دِ.چایلد)

The meat is...   دِ.میت.ایز

گوشت ... است.

overdone.   اُور دائون

خیلی پخته و سرخ شده.

underdone.   آندردائون

آبدار

too tough.   تُو.تائوف

خیلی سفت، غیرقابل جویدن.

bitter.   بیتر

تلخ.

sweet.   سویت

شیرین.

salty.   سالتی

شور.

I don't like this.   آی.دُنت.لایک.دیس

من این را دوست ندارم.

The food is cold.   دِ.فُود.ایز.گُلد

غذا سرد است.

This isn't fresh.   دیس. ایزنت. فِرش

این تازه نیست.

What's taking so long?

واتس. تِیکینگ. سُ. لانگ

چرا اینقدر طول می‌کشد؟

Have you forgotten our drinks?

هَو.یُو.فُرگاتِین. آئور.دیرینکس

آیا نوشیدنی‌های ما را فراموش کرده‌اید؟

This isn't clean.   دیس.ایزنت.کیلین

این تمیز نیست.

Would you call the head waiter, please?

وُد. یُو. کال. دِ. هِد. وِیتر.پلیز

لطفاً ممکن است مسئول سرویس (سرپیشخدمت) را صدا کنید؟

صورتحساب The bill

هرگاه در رستوران درخواست صورتحساب می‌کنید باید به مبلغ صورتحساب ۱۰ تا ۱۵ درصد هزینهٔ سرویس راکه معمولاً بالای صورتحساب نوشته شده است، اضافه کنید. البته جلوی مبلغ، عبارت: (سرویس حساب شده است) آمده است.

Service included *سرویس. این کِلائو دِدْ* **سرویس حساب شده است.**

The bill, please. *دِ.بیل.پلیز* **لطفاً صورتحساب.**

I'd like to pay. *آید.لایک.تُو.پِی* **می‌خواهم پرداخت کنم.**

We'd like to pay separately.

وید.لایک.تُو.پِی. سِپِرِیت لِی **ما می‌خواهیم جداگانه پرداخت کنیم.**

What is this amount for?

وات. ایز. دیس. اِمئونت. فُر **این مبلغ برای چیست؟**

I think there is a mistake in the bill.

من فکر می‌کنم اشتباهی در صورتحساب هست. *آی.ثینک.دِر.ایز.اِ.میستِیک.این.دِ.بیل*

How much is it? *هائو.ماچ.ایز.ایت* **آن چقدر است؟**

Is service included? *ایز.سِرویس.این کِلائودِدْ* **آیا سرویس حساب شده است؟**

Is everything included?

ایز.اِوری ثینگ.این کِلائودِد **آیا همه چیز حساب شده است؟**

Do you accept traveller's cheques / eurocheques?

دُو.یُو.اَکسِپت. تِراوِلِرز. چِکز اُیُورو چِکز

آیا شما چک‌های مسافرتی / چک‌های اروپایی قبول می‌کنید؟

Thank you, this is for you.

ثنک. یُو. دیس. ایز. فُر. یُو **متشکرم، این هم انعام شماست.**

Keep the change. *کیپ.دِ.چِنج* **بقیهٔ پول مال خودتان.**

That was a very good meal.

دَت.واز.اِ.گود.میل **غذای خیلی خوبی بود.**

We enjoyed it, thank you.

وِی. اینجُید. ایت. ثَنک. یو **از آن لذّت بردیم، خیلی متشکرم.**

EATING OUT / صرف غذا بیرون از منزل

غذاهای سرپایی (ساندویچ) و غذای پیک نیک Snacks and picnic

در یک (snack bar) یا به عبارت فارسی ساندویچ فروشی شما می‌توانید غذاهای فوق‌العاده مختلف و متنوع که چیزی بیش از ۵۰ نوع مختلف، گوشت، ماهی، سیب‌زمینی و غیره است سفارش دهید. در هر خیابان می‌توانید حداقل چند مغازهٔ ساندویچ فروشی پیدا کنید، که بدلیل ارزان بودن قیمت غذا نسبت به رستوران، فوق‌العاده دارای رونق است و همیشه در این مکان‌ها، انبوهی از جمعیت، خصوصاً دانش آموزان و دانشجویان دیده می‌شوند.

I want one of these please.

آی. وانت. وان. آو. دیز. پیلیز		**لطفاً من یکی از اینها را می‌خواهم.**
I'd like...	*آید.لایک*	**من ... را می‌خواهم.**
It's to take away.	*ایتس.تُو.تیک.اِوی*	**برای بردن است (اینجا نمی‌خورم).**
Is it to go?	*ایز.ایت.تُو.گُ*	**آیا (با خود) می‌برید؟**
a(fried) sausage.	*اِ.(فرید) ساسِج*	**یک سوسیس (سرخ کرده).**
some crisps.	*سام.کیرپسپْس*	**مقداری چیپس.**
a roast chiken.	*اِ.رُوست.چیکِن*	**یک مرغ سوخاری.**
a hamburger.	*اِ.هامبِرگر*	**یک همبرگر.**
some chips.	*سام.چیپس*	

مقداری چیپس، مقداری سیب‌زمینی سرخ کرده.

a pizza.	*اِ. پیتزا*	**پیتزا.**

scrambled eggs.

اسْکرِیمبلِد. اِگز		**تخم‌مرغ نیمرو، نیمروی زرده و سفیده قاطی شده**
some fried eggs.	*سام.فرید.اِگز*	**تخم‌مرغ نیمرو.**
cheese on toast.	*چیز.آن.تُست*	**نان تُست با پنیر.**
mushrooms on toast.	*ماش رُومز.آن.تُست*	**نان تست با قارچ.**
spaghetti on toast.	*اسپاگتی.آن.تُست*	**نان تست با اسپاگِتی.**

در این قسمت یکی از صورت‌های نسبتاً مهّم از مایحتاج اصلی در ا ختیار شما قرار می‌گیرد.

English	Pronunciation	Persian
I'd like...	...آید.لایک	من ... را می‌خواهم.
some apples.	سام.اَپلز	چند تا سیب.
some bananas.	سام.بَ ناناز	چند تا موز.
butter.	باتِر	کره.
bread.	بِرد	نان.
rolls.	رُلز	نان باگت، گِردهٔ نان.
chocolate.	چاکلِیت	شکلات.
grapes.	گُریپس	انگور.
egg.	اِگ	تخم‌مرغ.
ice cream.	آیس.کیریم	بستنی.
cheese.	چیز	پنیر.
margarine.	مارگارین	

کرهٔ نباتی، مارگارین (مخصوص پخت و پز).

sweets.	سُوُئیتس	آب نبات و شکلات، شیرینی.
sugar.	شُوگِر	شکر.
tea.	تی	چای.
tea bags.	تی.بَگز	چای کیسه‌ای (لیپتون).
yoghurt.	یُوگُورت	ماست.
salt.	سالت	نمک.

She has _____ a lot of mistakes.

When you learn a new word it is important to remember what other words you often see with it. This dictionary can help you to decide what word goes with another word. For example, if you look up **mistake** in the dictionary, you will see:

> **mistake**¹ /mɪˈsteɪk/ *noun*
> something that you think or do that is wrong: *You have made a lot of spelling mistakes in this letter.* ◇ *It was a mistake to go by bus – the journey took two hours!*
> **by mistake** when you did not plan to do it: *I took your book by mistake – I thought*

The example sentence shows you that you use **make** with **mistake**.

You can use your dictionary to check which words below go together. Find the words in **B** and use the example sentences.

A	B
make	a story
take	fun
tell	a mistake
do	a question
have	homework
ask	a photograph

old   new   clean   dirty

weak   strong   cheap   expensive

open   closed/shut

hot   cold

soft   hard   loud   quiet

wet   dry   loose   tight

We give opposites for many of the words in this dictionary.
If you want to know the opposite of **tidy**, for example, look up
this word and you will find ✪ opposite: **untidy** after it.

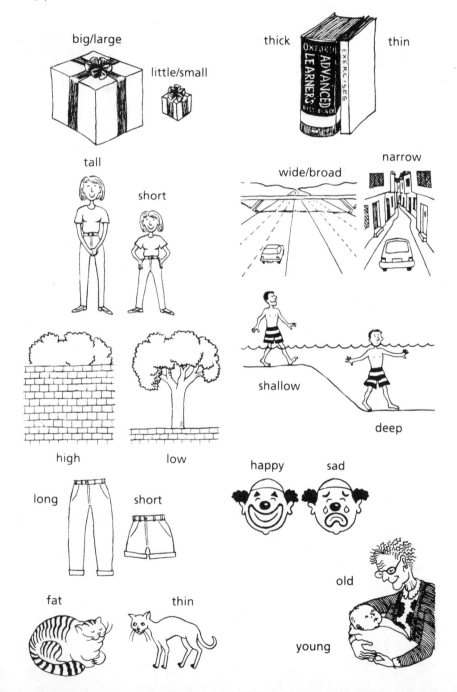

big/large

little/small

thick   thin

tall

short

narrow

wide/broad

shallow

deep

high   low

happy   sad

long   short

old

fat   thin

young

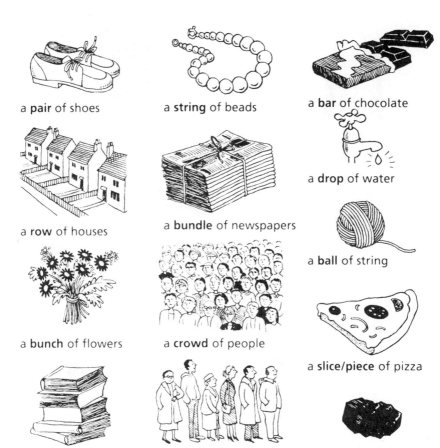

a **pair** of shoes

a **string** of beads

a **bar** of chocolate

a **row** of houses

a **bundle** of newspapers

a **drop** of water

a **bunch** of flowers

a **crowd** of people

a **ball** of string

a **pile** of books

a **queue** (of people)

a **slice/piece** of pizza

a **lump** of coal

This dictionary tells you about words that often go together.
Do you know what word is missing in each of these
expressions? You can use the dictionary (look up **soap**, **grape**
and **shorts** and read the example sentences) to find out.

a **?** of soap

a **?** of grapes

a **?** of shorts

فصل چهارم:

گشت و گذار برون شهری
TRAVELLING AROUND

تقدیم به هموطنان عزیز که همواره در سالن‌های ترانزیت کشورهای مختلف، برای سوارشدن به هواپیما، پیدا کردن مسیر خروجی و ورودی‌ها و ... با موانع و مشکلات روبرو می‌شوند.

Plane — هواپیما

I'd like to book a flight to London.

آید. لایک. تُو. بُوک. اِ. فلایت. تُو. لُندُن — **یک پرواز به لندن می‌خواهم رزرو کنم.**

single / return. — *سینگِل / ریتِرن* — **رفت / برگشت.**

economy class. — *اِکُنمی. کِلَس* — **درجهٔ اقتصادی (توریستی).**

first class. — *فِرست. کِلَس* — **درجهٔ یک.**

Are there any special fares?

آر. دِر. انی. اِسپشال. فِـیرز — **آیا قیمت ارزانتر هم دارید؟**

Is there a flight to Edinburgh?

ایز. دِر. اِ. فِلایت. تُو. اِدینـبُـورگ — **پرواز برای شهر ادینبورگ هست؟**

Is it a direct flight?

ایز. ایت. اِ. دایرِکت. فِلایت — **آیا پرواز مستقیم است؟**

Is there a connection to Glasgow?

آیا به شهر گلاسگو تعویض دارد؟   ایز. دِر. اِ. کُنِکشِن. تُو. گِلاسگُ

What time does the plane take off?

چه وقت هواپیما پرواز می‌کند؟   وات. تایم. داز. دِ. پلِین. تِیک. آن

What time should I check in?

چه وقت کارت سوار شدن به من می‌دهید؟   وات. تایم. شُود. آی. چِک. این

What's the flight number?

شمارهٔ پرواز (هواپیما) چند است؟   واتس. دِ. فِلایت. نامبِر

What time do we arrive?

کی خواهیم رسید؟   وات. تایم. دُو. وی. أرایُو

I'd like to .... my flight.

می‌خواهم پروازم را .... کنم.   آید. لایک. تو .... مای. فِلایت

cancel

باطل (کردن)، لغو (کردن)، کنسِل (کردن).   کَنسِل

confirm

اُکی (کردن)، قطعی (کردن)، تأیید (کردن).   کُن فِرم

change

عوض (کردن)   چِنج

How long is the ticket valid?

بلیط تا کی اعتبار دارد؟   هائو. لانگ. ایز. دِ. تیکِت. وَلید

Is there a bus / train to the airport?

آیا برای فرودگاه اتوبوس / قطار هست؟   ایز. دِر. اِ. باس / تِرین. تُو. دِ. اِیرپُرت

ARRIVAL	DEPARTURE	GATE
ورود، رسیدن	عزیمت، حرکت، ترک کردن	ورودی به باند، ورودی، خروجی به باند، خروجی

Train

قطار

Intercity train.

قطار بین شهری عادی، قطار بین شهری با توقف.   اینتِرسیتی. تِرین

Luggage van. لاگگِیج. وَن واگنِ بار، واگن اسباب و اثاثیه.

To the railway station.

تُو. دِ. رِیل وِی. اِسْتِیشِن به‌طرف ایستگاه راه آهن.

Where's the railway station?

وِر. ایز. دِ. رِیل وِی. اِستِیشِن ایستگاه راه آهن (قطار) کجاست؟

Is there ....? ایز. دِر آیا... هست؟

a bus اِ. باس اتوبوس

an underground اَن. آندِرگِراند مترو

Can I get there on foot?

کَن. آی. گِت. دِر. آن. فُوت آیا می‌توانم تا آنجا پیاده بروم؟

Taxi! تَکسیِ تاکسی!

Take me to the (main) railway station!

تِیک.می.تُو.دِ(مِین).رِیل‌وِی.اِستِیشِن مرا به ایستگاه (اصلی) راه آهن برسانید!

ENTRANCE	EXIT	TO THE PLATFORMS
ورودی	خروجی	به طرف سکّوها (محل سوار شدن به قطار)

Information اطّلاعات

Where is the ....? وِر. ایز. دِ .... کجاست؟

left_luggage office لِفت. لاگگِیج. اُفیس دفتر بار امانتی

lost property office لاست. پُرپِرتیِ. اُفیس دفتر اشیای گمشده

hotel reservation هُتِل. رِزرویشِن محل رزرو هتل

information office اینفُرمِیشِن. اُفیس دفتر اطّلاعات

newsstand نیوُز اِستَند دکّه یا کیوسک روزنامه فروشی

ticket office تیکِت. اُفیس باجهٔ فروش بلیط

platform 3 پِلَت فُرم. تری سکّوی شمارهٔ ۳

travel agency تِراوِل. اِجنسیِ (ایجِنسیِ) آژانس مسافرتی

ساندویچ فروشی اِسنَک. بار **snack bar**

رستوران رِسْتُرِنت **restaurant**

اطاق انتظار وِیتینگ ـ رُوم **Waiting - room**

currency exchange office

صرّافی کاڑرِنسی. اِکسچِنج. اُفیس

....ها کجا هستند؟ وِر. آر. دِ .... **Where are the ....?**

luggage lockers

قفسه‌های بار، قفسه‌های اسباب و اثاثیه لاگگِیج. لُکِرز

توالت‌ها، مستراح‌ها تُیلِتز **toilets**

When is the .... train to Oxford?

چه وقت ... قطار آکسفورد حرکت می‌کند؟ وِن. ایز. دِ. تِرین. تُو. اُکسفُرد

اولین / آخرین / بعدی، بعد فِرست / لَست / نِکست **first / last / next**

What's the fare to Manchester?

کرایه تا شهر منچستر چقدر است؟ واتس. دِ. فِر. تُو. مَنچِستِر

آیا این .... است؟ ایز. ایت **Is it ....?**

قطار سریع‌السیر، قطار بدون توقف اِ. ثُرو. تِرین **a through train**

an intercity train

قطار بین شهری عادی، قطار بین شهری با توقف. اَن. اینتِرسیتی. تِرین

Do I have to pay a supplement?

آیا من چیزی اضافه باید پرداخت کنم؟ دُو. آی. هَو. تُو. پِی. اِ. ساپِل مِنْتْ

Is there a connection to Dover?

آیا به دُوِر (یکی از بنادر انگلستان) تعویض دارد؟ ایز. دِر. اِ. کُنِکشِن. تُو. دُوِر

Do I have to change trains?

آیا باید قطار عوض کنم؟ دُو. آی. هَو. تُو. چِنج. تِرینز

Is there enough time to change?

آیا برای تعویض (قطار) وقت کافی دارم؟ ایز. دِر. ایناف. تایم. تُو. چِنج

Is there train running on time?

آیا قطاری که به موقع رفت و برگشت کند دارید؟ ایز. دِر. رانْنینگ. آن. تایم

What time does the train arrive in London?

چه وقت قطار به لندن می‌رسد؟ *وات. تایم. داز. دِ. ترِین. اَرایو. این. لُندُن*

Does the train stop in London?

آیا قطار در لندن توقف دارد؟ *داز. دِ. ترِین. استاپ. این. لُندُن*

What platform does the train to York leave from?

وات. پِلَتفُرم. داز. دِ. ترِین. تُو. یُرک. لیو. فرام

قطار یورک از کدام سکّو حرکت می‌کند؟

What platform does the train from York arrive at?

قطار یورک درکدام سکّو توقف می‌کند؟ *وات. پِلَتفُرم. داز. دِ. ترِین. فرام. یُرک. اَرایو. اَت*

I'd like a timetable.

من برنامهٔ حرکت (قطارها) را می‌خواهم. *آید. لایک. اِ. تایم تِیبِل*

timetable *تایم تِیبِل* برنامهٔ حرکت

SMOKER	NON SMOKER
اِسمُکِر	*نان ـ اِسمُکِر*
سیگاری‌ها	غیر سیگاری‌ها

You have to change at ...

شما باید در .... قطارتان را عوض کنید. *یُو. هَو. تُو. چِنج. اَت ....*

Change at London and get a local train.

چِنج. اَت. لُندُن. اَند. گِت. اِ. لُکَل. ترِین

در لندن عوض کنید، و یک قطار محلّی سوار شوید.

There is a train to Exeter at ....

یک قطار برای شهر اکستر در ساعت .... هست. *دِر. ایز. اِ. ترِین. تُو. اِکسْتِر. اَت ....*

Your train will leave from platform 8.

قطار شما از سکّوی شمارهٔ ۸ حرکت خواهد کرد. *یُر. ترِین. ویل. لیو. فرام. پِلَتفُرم. اِیت*

There will be a delay of .... minutes.

.... دقیقه تأخیر خواهد داشت. *دِر. ویل. بی. اِ. دیلِی. آو .... مینتس*

First class at the front / in the middle / at the end.

فِرست. کِلَس. اَت. دِ. فرانت / این. دِ. میدِل / اَت. دي. اِند

درجهٔ یک در جلو / در وسط / در آخر (عقب).

Ticket	*تیکِت*	**بلیط**
Tickets, please.	*تیکِتْس. پلیز*	**لطفاً بلیط.**

A ticket to Bath, please.

لطفاً یک بلیط به شهر بث. *اِ. تیکِت. تُو. بَث. پلیز*

Single / Return.	*سینگِل / ریتِرن*	**رفت / برگشت.**

قطارهای کشورهای اروپایی به سه گروه (First class) درجهٔ یک، (Standard class) درجهٔ استاندارد و (Second class) درجهٔ دو تقسیم می‌شود. حدود ۵۰٪ از قطارهای درجهٔ دو از نوع استاندارد هستند و قیمت آنها از درجهٔ دو معمولی گرانتر است.

Half price.	*هالف. پرایس*	**نصف قیمت.**
I'd like to reserve...	*آید. لایک. تُو. رِزِرو*	**می‌خواهم یک .... رزرو کنم.**

a seat (by the window).

یک صندلی (کنار پنجره) *اِ. سیت (بای. دِ. ویندُ)*

upper.	*آپِر*	**بالا.**
middle.	*میدِل*	**وسط.**
lower.	*لائوِار*	**پایین.**

Is this the right platform for the train to London?

آیا این سکوی قطارِ لندن است؟ *ایز. دیس. دِ. رایت. پِلَتفُرم. فُر. دِ. تِرین. تُو. لُندُن*

Is this the train to Liverpool?

آیا این قطار شهر لیورپول است؟ *ایز. دیس. دِ. تِرین. تُو. لیوِرپول*

Is the train from Leeds late?

آیا قطار شهر لیدز تأخیر دارد؟ *ایز. دِ. تِرین. فرام. لیدس. لِیت*

Where is platform 3?	*وِر. ایز. پِلَتفُرم. ثری*	**سکّوی شمارهٔ ۳ کجاست؟**

Where is carriage no ....?

واگن شمارهٔ .... کجاست (کدام است)؟ *وِر. ایز. کَرریئِج. نامبِر*

FIRST CLASS	STANDARD CLASS	SECOND CLASS
درجهٔ یک	درجهٔ استاندارد	درجهٔ دو (توریستی)

Weekend — **تعطیلات آخر هفته** (شنبه و یکشنبه) ویکِند

Excuse me. May I get by?

اِکسکیوز. میِ. مِی. آی. گِت. بای — **ببخشید. ممکن است رد شوم؟**

Is this seat taken? *ایز.دیس.سیت.تِیکِن* — **آیااین صندلی گرفته شده است؟**

I think that's my seat.

آی. ثینک. دَتس. مای. سیت — **فکر می‌کنم آن صندلی (جایِ) من است.**

Do you mind if I open / close the window?

دُو. یُو. مایند. ایف. آی. اُپن /کِلُز. دِ. ویندُ

اشکالی دارد اگر پنجره را باز کنم / ببندم؟

Would you let me know before we get to Durham?

وُد. یو. لِت. می. نُ. بیِ فُر. وی. گِت. تُو. دارهام

ممکن است خواهش کنم قبل از رسیدن به شهر دورهام مرا خبر کنید؟

Where are we? *وِر. آر. ویِ* — **ما کجا هستیم؟**

How long does the train stop here?

هائو. لانگ. داز. دِ. تِرِین. استاپ. هییِر — **چه مدّت قطار اینجا توقف دارد؟**

When do we get to Chester?

وِن. دُو. وی. گِت. تُو. چِستِر — **چه وقت به شهر چستر می‌رسیم؟**

Where is the sleeping car?

وِر. ایز. دِ. اِسلیپینگ. کار — **واگن خواب کجاست؟**

Will you tell me when to get off?

ویل. یُو. تِل. مِی. وِن. تُو. گِت. آف — **ممکن است به من بگویید، چه موقع پیاده شوم؟**

REGISTERING BAGGAGE
تحویل بار (اثاثیه)

I'd like to leave my luggage, please.

آید. لایک.تُو.لیو.مای. لاگـگِیج. پلیز

من می‌خواهم اسباب و اثاثیه‌ام(بارم) را تحویل بدهم.

porter. *پُرتِر* **باربر.**

Can you help me with my luggage?

ممکن است اسباب و اثاثیه‌ام (بارم) را حمل کنید؟ *کَن. یُو. هِلپ. می. ویز. مای. لاگگِیج*

Where are the luggage trolleys?

چرخهای دستی حمل بار (اسباب و اثاثیه) کجا هستند؟ *وِر. آر. دِ. لاگگِیج. تُرُللِیز*

Bus اتوبوس

Which bus goes to the town centre?

کدام اتوبوس به مرکز شهر می‌رود؟ *ویچ. باس. گُز. تُو. دِ. تائون. سِنتر*

Which bus do I take to Victoria Station?

ویچ. باس. دُو. آی. تِیک. تُو. ویکتوریا. اِستِیشِن

کدام اتوبوس را برای رفتن به ایستگاه ویکتوریا باید سوار شوم؟

Which bus do I take for the opera?

برای رفتن به اپرا، کدام اتوبوس را باید سوار شوم؟ *ویچ. باس. دُو. آی. تِیک. فُر. دِ. اُپرا*

Where is the bus stop?

ایستگاه اتوبوس کجاست؟ *وِر. ایز. دِ. باس. استاپ*

Where is the terminal? *وِر. ایز. دِ. تِرمینال* **ترمینال کجاست؟**

When is the .... bus to Pimlico?

چه‌وقت ... اتوبوس (اتوبوس ...) به‌شهرپیملیکو می‌رود؟ *وِن. ایز. دِ .... باس. تُو. پیملیکُ*

first / last / next *فِرست / لاست / نِکست* **اولین / آخرین / بعدی، بعد**

How much is the fare to....?

کرایهٔ تا .... چقدر است؟ *هائو. ماچ. ایز. دِ. فِر. تو ...*

Do I have to change buses?

آیا باید اتوبوس عوض کنم؟ *دُو. آی. هَو. تُو. چِنج. باسیز*

How many stops are there to ....?

چند ایستگاه تا..... هست؟ *هائو. منی. استاپس. آر. دِر. تو....*

Will you tell me when to get off?

ممکن است به من بگویید، چه موقع پیاده شوم؟ *ویل. یُو. تِل. مي. وِن. تُو. گِت. آف*

I want to get off at St. Paul's.

من می‌خواهم ایستگاه سنت پُلز پیاده شوم. *آی. وانت. تُو. گِت. آف. اَت. سِنت. پائولز*

BUS STOP	REQUEST STOP
ایستگاه اتوبوس	ایستگاه درخواستی

Underground مترو

Where is the nearest underground station?

نزدیکترین ایستگاه مترو کجاست؟ *وِر. ایز. دِ. نیئِرست. آندِرگراند. اِستِیشِن*

Does this train go to ....?

آیا این قطار به .... می‌رود؟ *داز. دیس. تِرین. گُ. تُو*

Where do I change for ....?

برای رفتن به .... کجا باید (مترو) را عوض کنم؟ *وِر. دُو. آی. چِینج. فُر*

Is the next station ....?

آیا ایستگاه بعدی .... است؟ *ایز. دِ. نِکست. اِستِیشِن*

Which line goes to ....?

کدام خط (راه‌آهن) به .... می‌رود؟ *ویچ. لاین. گُز. تُو ....*

Boat / Ship قایق / کشتی

When is there a ferry to ....?

چه وقت فِری (نوعی قایق) برای .... هست؟ *وِن. ایز. دِر. اِ. فِرری. تُو*

How long does the crossing take?

چه مدّت این مسافرت دریایی طول می‌کشد؟ *هائو. لانگ. داز. دِ. کِراسْسِنگ. تِیک*

boat. *بُت* **قایق.**

cabin.	*کَبین*	**کابین، جایگاه.**
single.	*سینگِل*	**یک‌نفره.**
double.	*دابِل*	**دو نفره.**
port.	*پُرت*	**بندر.**
life belt.	*لایف. بِلت*	**کمربند نجات.**
life boat.	*لایف. بُت*	**قایق نجات.**
lifeguard.	*لایف‌گارد*	**نجات غریق.**
ship.	*شیپ*	**کشتی.**

river trip

ریوِر. تیریپ **مسافرت رودخانه‌ای، گردش رودخانه‌ای.**

Other means of transport / سایر وسایل نقلیه

bicycle.	*بای سیکِل*	**دوچرخه.**
moped.	*مُپِد*	**موتور گازی.**
helicopter.	*هِلی کُپتِر*	**هلی‌کوپتر.**
motorbike.	*مُتُر بایک*	**موتور سیکلت.**
to hitchhike.	*تُو. هیتچ هایک (هیچ هایک)*	**مجانی سوار شدن، اتو اِستاپ زدن.**
to walk.	*تُو. واک*	**قدم زدن.**

Car / اتومبیل

Where is the nearest (self - service) petrol station?

وِر. ایز. دِ. نیئرِست. (سِلف سرویس). پِترُل. اِستِیشِن

نزدیکترین پمپ بنزین (سلف سرویس) کجاست؟

Full tank, please.	*فُول. تَنک. پلیز*	**لطفاً باک را پر کنید.**
unleaded petrol	*آن لیدِد. پِترُل*	**بنزین بدون سرب**
diesel	*دیزِل*	**گازوئیل**
Please check the....	*پلیز. چِک. دِ*	**لطفاً ... را کنترل کنید.**

battery.	*باتری*	**باتری.**
oil.	*اُیل*	**روغن.**
water.	*واتِر*	**آب.**

Could you check the tyre pressure?

کُد. یُو. چِک. دِ. تایر. پرِژر **آیا ممکن است باد تایر را کنترل کنید؟**

1.6 front	*وان. پُینت. سیکس. فرانت*	**۱/۶ جلو**
1.8 rear	*وان. پُینت. اِیت. ریئِر*	**۱/۸ عقب**

Please check the spare tyre, too.

پلیز. چِک. دِ. اسپیر. تایِر. تُو **لطفاً تایر زاپاس را هم کنترل کنید.**

Can you mend this puncture?

کَن. یُو. مِند. دیس. پانکْچِر **آیا می‌توانید این پنچری تایر را تعمیر کنید؟**

Would you change the ..... please?

وُد. یُو. چِینج. دِ..... پلیز **آیا ممکن است لطفاً ... را عوض کنید؟**

tyre	*تایِر*	**تایر، لاستیک**
lamp	*لامپ*	**لامپ**

Where can I get my car washed?

وِر. کَن. آی. گِت. مای. کار. واشد **کجا می‌توانم اتومبیلم را بدهم بشویند؟**

Is there a car wash?

ایز. دِر. اِ. کار. واش **آیا اینجا ماشین‌شویی (کارواش) هست؟**

Asking the way — پرسیدن راه

How do I get to ....? *هائو. دُو. آی. گِت. تُو....؟* **چطور می توانم به .... بروم؟**

Are we on the right road for .....?

آر. وی. آن. دِ. رایت. رُد. فُر **آیا این جادهٔ (راهِ) ... است؟**

Is there a road with little traffic?

ایز. دِر. اِ. رُد. ویز. لیتِل. تِرَفیک **آیا جاده‌ای با شلوغیِ (ترافیک) کمتر هست؟**

How far is it to ....? *هائو. فار. ایز. ایت. تُو* **چقدر تا .... راه است؟**

Is there a motorway? ایز. دِر. اِ. مُتُروِی **آیا اتوبان است؟**

How long does it take by car / on foot?

با اتومبیل / پیاده چقدر طول می‌کشد؟ هائو. لانگ. داز. ایت. تِیک. بای. کار / آن. فُوت

Can I drive to the centre of town?

آیا می‌توانم تا مرکز شهر با اتومبیل بروم؟ کَن. آی. دِرایو. تُو. دِ. سِنتِر. آو. تائون

Excuse me! اِکسکیوز. مي **ببخشید!**

Can you tell me where .... is?

آیا ممکن است به من بگویید ..... کجاست؟ کَن. یُو. تِل. می. وِر..... ایز

Where does this road lead to?

این جاده به کجا می‌رود؟ وِر. داز. دیس. رُد. لید. تُو

How do I get to this place / this address?

هائو. دُو. آی. گِت. تو. دیس. پِلِیس / دیس. اَدرِس

چطور می‌توانم به این محل / این آدرس بروم؟

Can you show me on the map where I am?

کَن. یُو. شُ. مي. آن. دِ. مَپ. وِر. آی. اَم

آیا ممکن است به من روی نقشه نشان بدهید که کجا هستم؟

You're on the wrong road.

جادهٔ (راهِ) اشتباهی آمدید. یُر. آن. دِ. رانگ. رُد

Go straight ahead. گُ. اِستِریت. اِهِد **مستقیم برو.**

opposite / behind اُپُزیت / بی‌هایند **مقابل، روبرو / عقب**

next to / after

پهلویِ، بغلِ، جنبِ / بعد از، پس از نِکست. تُو / آفتِر

north / south / east / west

شمال / جنوب / شرق / غرب نُرث / ساف / ایست / وِست

Go to the first / second crossroad.

شما به اوّلین / دوّمین تقاطع (چهارراه) بروید. گُ. تُو. دِ. فِرست / سِکِند. کراس. رُد

turn / تِرن / پیچیدن

Turn left at the traffic lights. — تِرن. لِفت. اَت. دِ. تِرَفیک. لایتس — از چراغ راهنمایی به دستِ چپ بپیچید.

Turn right at the next corner. — تِرن. رایت. اَت. دِ. نِکست. کُرنِر — سر پیچِ بعدی به دستِ راست بپیچید.

It's one _ way street. — ایتس.وان – وی. استریت — آن خیابان یک طرفه است.

You have to go back to.... — یُو.هَو.تُو.گُ.بَک.تُو — شما باید به طرف .... برگردید.

Follow signs for York. — فُلُ. ساینز. فُر. یُرک — به تابلوهایِ (علایم) شهرِ یورک توجه کنید.

پارک، پارک کردن
Parking

Where can I park? — وِر. کَن. آی. پارک — کجامی‌توانم (اتومبیلم) را پارک کنم؟

Is there a ..... nearby? — ایز. دِر. اِ .... نیِربای — آیا ..... در این نزدیکی‌ها هست؟

car park — کار. پارک — پارکینگ، جای پارک

multi-storey car park — مُولتی ـ اِستُری. کار. پارک — پارکینگ طبقاتی، پارکینگ چند طبقه

May I park here? — مِی. آی. پارک. هیِر — ممکن است اینجا پارک کنم؟

How long can I park here? — هائو. لانگ. کَن. آی. پارک. هیِر — چه مدت می‌توانم اینجا پارک کنم؟

What's the charge per hour? — واتس. دِ. چارج. پِر. آوِر — کرایهٔ هر ساعت چقدر است؟

Do you have some change for the parking meter? — دُو. یُو. هَو. سام. چینج. مانی. فُر. دِ. پارکینگ. میتِر — آیا شما پول خرد برای پارکومتر دارید؟

برسم

Is there a parking attendant?

آیا مأمور پارکینگ هست؟

ایز. دِر. اِ. پارکینگ. اَتتِندِنت

Breakdown - Road assistance

خرابی ـ امداد جاده‌ای

My car has broken down.

اتومبیلم خراب شده است.

مای. کار. هَز. بُروکِن. دائون

Can you help me?

ممکن است کمکم کنید؟

کَن. یُو. هِلپ. می

Where can I make a phone call?

از کجا می‌توانم تلفن کنم؟

وِر. کَن. آی. مِیک. اِ. فُن. کال

Can you send a breakdown lorry / a mechanic, please?

آیا ممکن است لطفاً یک جرثقیل / یک مکانیک (تعمیرکار) بفرستید؟

کَن. یو. سِند. اِ. بِرِک دائون. لُرری /اِ. مِکَنیک. پلیز

My car won't start.

اتومبیلم روشن نمی‌شود (استارت نمی‌زند).

مای. کار. وُنت. اِستارت

The battery is dead.

باتری آن تمام (خالی) شده است.

دِ. باتِری. ایز. دِد

I've run out of petrol.

بنزین تمام کرده‌ام.

آیو. ران. اَئوت. آو. پِتُرل

I've a flat tyre.

یک تایر اتومبیلم پنچر شده است.

آیو. اِ. فِلَت. تایر

There is something wrong with the ...

... خراب است، ... عیب دارد.

دِر. ایز. سام ثینگ. رانگ. ویز. دِ....

carburettor.

کاربراتور.

کاربِریتِر

electrical system.

سیستم برق.

ایلِکتریکال. سیستم

headlights.

چراغ‌های جلو، چراغ‌های بزرگ.

هِد. لایتس

engine.

موتور.

اِنجین

radiator.

رادیاتور.

ریدی اِیتِر

brakes.

ترمزها.

بِریکس

gear box.

جعبه دنده، گیربکس.

گِر. باکس

wheel.	ویل	چرخ.
Can you lend me....?	کَن. یُوْ. لِند. مي	آیاممکن است... را به من امانت بدهید؟
jack	جَک	جک
spanner	اِسپانِر	آچار

Where is the nearest garage.

وِر. ایز. دِ. نییِرِست. گَراج

نزدیکترین تعمیرگاه کجاست؟

Repair
تعمیر

Can you repair my car?

کَن. یُوْ. ری‌پیر. مای. کار

آیا می‌توانید اتومبیلم را تعمیر کنید؟

How long will it take?

هائو. لانگ. ویل. ایت. تِیک

چقدر طول می‌کشد؟

Can you give me an estimate?

کَن. یُوْ. گیو. مي. اَن. اِستیمِیت

ممکن است یک برآورد هزینه به من بدهید؟

starter	اِستارتِر	استارت
to declutch	تُو. دی کلاچ	کلاچ عوض کردن
exhaust pipe	اِگزُست. پایپ	لولهٔ اگزوز
petrol can	پِترُل. کَن	باک بنزین
indicator	این دیکِیتِر	چراغ راهنما، راهنما
brake	بِرِک	ترمز
brake lining	بِرِک. لینینگ	لنت ترمز
brake fluid	بِرِک. فْلُید	روغن ترمز
brake lights	بِرِک. لایتس	چراغ‌های ترمز
horn	هُرن	بوق
clutch	کِلاچ	کلاچ
oil	اُیل	روغن
safety belt	سِیفتی. بِلت	کمربند ایمنی

Accident _ Police / تصادف ـ پلیس

Please call the police. پلیز. کال. دِ. پُلیس — لطفاً پلیس را خبر کنید.

There has been an accident.

دِر. هَـز. بین. اَن. اَکسیدِنت — تصادف شده است.

It's about 2 miles from....

ایتس. اِبائوت. تُو. مایلز. فرام — آن تقریباً ۲ مایل دور از .... است.

There are people injured.

دِر. آر. پی‌پل. اینجِرد — چند نفر مجروح شده‌اند.

Call a doctor / an ambulance quickly.

کال. اِ. دکتر / اَن. اَمبُلانس. کوئیک لی — فوراً پزشک / یک آمبولانس خبر کنید.

What's your name and address?

واتس. یُر. نِیم. اَند. اَدْرِس — اسم و آدرس شما چیست؟

What's your insurance company?

واتس. یُر. این ژِرنس. کُمپَنی — شرکت بیمهٔ شما کدام است؟

Road signs / علایم راهنمایی و رانندگی جاده

DANGER	دَن جِر	خطر
DIVERSION	دیورژِن	راه فرعی، مسیر انحرافی
EXIT	اِگزیت	خروجی
GIVE WAY	گیو. وِی	محل سبقت (سبقت آزاد)
KEEP LEFT	کیپ. لِـفت	از سمت چپ حرکت کنید
KEEP RIGHT	کیپ. رایت	از سمت راست حرکت کنید
NO PARKING	نُ. پارکینگ	پارکینگ ممنوع
PEDESTRIANS	پِدِس تیریئنس	محل عبور عابر پیاده
REDUCE SPEED NOW	ریداس.اِسپید.نئو	از سرعت خود بکاهید
ROUNDABOUT (SQ)	رُند اِبائوت	میدان
SCHOOL	اِسکُول	مدرسه

SLOW	اِسلُ	آهسته
ONE WAY	وان. وِی	یک طرفه

Sightseeing — تماشای جاهای دیدنی

Where is the tourist office?

دفتر جهانگردی (توریستی) کجاست؟ — *وِر. ایز. دِ. تُوریست. اُفیس*

What are the main points of interest?

جاهای دیدنی مهمّ کجا هستند (چه هستند)؟ — *وات.آر.دِ.مِین.پُینتس.آو.اینتِرِست*

We are here for....

ما ... اینجاهستیم (می‌مانیم، آمده‌ایم). — *وی. آر. هییِر. فُر*

only a few hours.	اُنلی. اِ. فیو. آوِرز	فقط چند ساعت.
a day.	اِ. دِی	یک‌روز.
a week.	اِ. ویک	یک هفته.
by boat	بای. بُت	با قایق
by bus	بای. باس	با اتوبوس
on foot	آن. فُوت	پیاده

Where do we leave from?

از کجا حرکت می‌کنیم؟ — *وِر. دُوُ. وی. لیو. فِرام*

Will the bus pick us up at the hotel?

آیا اتوبوس ما را از هتل سوار خواهد کرد. — *ویل. دِ. باس. پیک. آس. آپ. آت. دِ. هُتِل*

How much does the tour cost?

هزینهٔ تور چقدر است؟ — *هائو. ماچ. داز. دِ. تُور. کُست*

Is lunch included? — *ایز. لانچ. این کِلئودِد* — آیا ناهار هم حساب شده است؟

What time do we get back?

چه وقت بر می‌گردیم (مراجعت می‌کنیم)؟ — *وات. تایم. دُو. وی. گِت. بَک*

Do we have free time in....?

آیا در .... وقت آزاد داریم؟ — *دُوُ. وي. هَو. فيري. تايم. اين*

Half a day	هالف. اِ. دِی	نصف روز، نیم روز

تمام روز (یک روز کامل)	اِ. فُول. دِی	**A full day**

Where is / Where are the...?

.... کجاست / .... کجا هستند؟ — وِر. ایز / وِر. آر. دِ

آکواریوم	آکُوارِیُم	**aquarium**
بورس اوراق بهادار	استاک. اِکسچِنج	**stock exchange**
کتابخانه	لایب رِري	**library**
مرکز شهر	تائون. سِنتِر	**town centre**
سالن کنفرانس	کُنفِرنس. سِنتِر.	**conference centre.**
باغ وحش	زُو	**Zoo**
کارخانه	فَکتُری	**factory**
ساختمان	بیلدینگ	**building**
آرامگاه، مقبره	تُم	**tomb**
نمایشگاه (فروشگاه سالیانه)	فِر (اِکسْپُ)	**fair (Expo)**
قلعه، دژ	کَستِل	**castle**
کلیسا	چِرچ	**church**
نمایشگاه آثار هنری	آرت. گَلِری	**art gallery**
بازار	مارکِت	**market**
موزه	مُوزیوم	**museum**
سالن اپرا	اُپرا. هائوس	**opera house**
قسمت قدیمی شهر	اُلد. تائون	**old town**
کاخ	پالِیس	**palace**
پارک، باغ ملی	پارک	**park**
ساختمان‌های مجلس	هائوزِز. آو. پارلِمِنت	**Houses Of Parliament**
میدان	اِسکُوار	**square**
ورزشگاه، استادیوم	اِستِیدیُم	**stadium**
مرکز خرید	شاپینگ. سِنتِر	**shopping centre**

تماشای جاهای دیدنی / SIGHTSEEING

Admission — ورود، اجازهٔ ورود

Is.... open on Sundays?

ایز.... اُپن. آن. ساندِیز — آیا روزهای یکشنبه .... باز است؟

What are the opening hours?

وات. آر. دِ. اُپنینگ. آوِرز — ساعات کار (زمان کار) چه موقع (کی) است؟

When does it close?

وِن. داز. ایت. کِلُز — چه وقت بسته می‌شود (تعطیل می‌کند)؟

What is the entrance fee?

وات. ایز. دِ. اِنتِرِس. فی — ورودیه چقدر است؟

Is there any reduction for....?

ایز. دِر. اِنی. رِداکشِن. فُر.... — آیا تخفیفی برای ... داده می‌شود؟

groups	گورُپس	گروه‌ها
children	چیلدْرِن	بچّه‌ها
pensioners	پِنسیُنِرز	باز نشسته‌ها (بالاتر از سن ۶۵)
students	اِستُودِنتْس	دانش‌آموزان، دانشجویان

Do you have any guide - books?

دُو. یُو. هَو. اِنی. گاید. بُوکس — آیا کتابهای راهنما دارید؟

Can I buy a catalogue?

کَن. آی. بای. اِ. کَتالُگ — آیا می‌توانم یک کاتالوگ بخرم؟

Is it all right to take pictures?

ایز. ایت. اُل. رایت. تُو. تِیک. پیکچِرز — آیا می‌توانم عکس‌برداری کنم؟

ADMISSION FREE	NO CAMERAS ALLOWED (NO PHOTO)
ورود آزاد	حمل دوربین مجاز نیست (عکس‌برداری ممنوع)

Who _ What _ When? — چه کسی (کی) ـ چه ـ چه وقت، چه موقع (کی)؟

What is that building?

وات. ایز. دَت. بیلدینگ — آن ساختمان چیست؟

Who was the ....?

هُو. واز. دِ | ... کیست؟، ... چه کسی بود؟، ... کی بود؟

architect	آرچیتِکت	مهندس معمار، آرشیتکت
artist	آرتیست	هنرمند
painter	پِینتِر	نقّاش
Who built it?	هُوُ. بیلت. ایت	چه کسی آن را ساخته است؟
When was it built?	وِن. واز. ایت. بیلت	آن چه موقع ساخته شده است؟

Who painted this picture?

هُوُ. پِینتِد. دیس. پیکچِر | چه کسی این نقّاشی را کشیده است؟

When did he live?	وِن. دید. هی. لیو	او چه موقع زندگی می‌کرده است؟

We are interested in.....

وی. آر. اینتِرِستِد. این | ما به .... علاقه داریم.

antiques	آنتیکس	عتیقه‌ها، عتیقه‌جات
archaeology	آرکیولژی	باستان‌شناسی
zoology	زُولُژی	جانورشناسی
medicine	مِدیسین	پزشکی، طب
history	هیستُری	تاریخ
religion	رِلیجِن	مذهب
art	آرت	هنر
fashion	فَشِن	مُد
workman	وُرک مَن	کارگر
motor - mechanic	مُتُر. مِکَنیک	مکانیک یا تعمیرکار اتومبیل
postman	پُست مَن	پستچی
bookseller	بُوُک سِلِر	کتابفروش
fisherman	فیشِرمَن	ماهیگیر
cook	کُوک	آشپز
artist	آرتیست	هنرمند

farmer	فارمر	کشاورز، دهقان، دامدار
teacher	تیچر	معلّم
It's	ایتس	آن .... است.
pretty	پرِتْتی	قشنگ
awful	آئوفُول	غیر قابل تصوّر، وحشتناک، بسیار بد
fantastic	فان‌تاستیک	بی‌نظیر، فوق‌العاده
ugly	آگلی	زشت
beautiful	بیوتی فُول	زیبا
romantic	رُمَنتیک	رویایی، عاشقانه، رمانتیک
horrible	هاریبِل	وحشتناک، بد
strange	اِسترِنج	عجیب، غیرعادی
What's the name of that....?	واتس. دِ. نِـیم. آو. دت	اسم آن.... چیست؟
flower / tree / animal / plant / bird.	فِلاوِر / تری / اَنیمال / پِلانت / بِرد	گل / درخت / حیوان / گیاه / پرنده
field	فیلد	کشت‌زار، مزرعه
mountain	مانتِین	کوه
farm	فارم	مزرعه، کشت‌زار
wood	وُد	جنگل، چوب
bridge	بریدج	پل
village	ویللِیج	روستا
hill	هیل	تپّه
house	هائوس	خانه، منزل
canal	کَنال	کانال، آبراه
cliff	کلیف	صخره
lake	لِیک	دریاچه

wall	وال	دیوار
river	ریوِر	رودخانه
road	رُد	خیابان، جاده، راه
garden	گاردِن	باغ، باغچه
footpath	فُوت پَث	راه عابر پیاده
waterfall	واتِرفال	آبشار
sea	سی	دریا

Relaxing — استراحت و تفریح

Cinema-Theatre — سینما ـ تئاتر

What time does the .... start?

وات. تایم. داز. دِ.... اِستارت — .... چه وقت شروع می‌شود؟

film / concert / show — *فیلم /کُنسرت / شُ* — فیلم / کنسرت / شو

How long will it last?

هائو. لانگ. ویل. ایت. لَست — چه مدّت طول می‌کشد؟

Where is the box office?

وِر.ایز. دِ. باکس. اُفیس — باجهٔ فروش بلیط کجاست؟

What's on at the cinema tonight?

واتس. آن. اَت. دِ. سینِما. تُونایت — امشب سینما چه فیلمی نشان می‌دهد؟

What's playing at the ... theatre?

واتس. پلِـئینگ. اَت. دِ.... تیئتِر — در تئاتر.... چه نمایشی اجرا می‌شود؟

What kind of play is it?

وات. کایند. آو. پلِـی. ایز. ایت — آن چه نوع نمایشی است؟

Who's it by? — *هُوز. ایت. بای* — اثر کیست؟

Can you recommend a....?

کَن. یُو. رِکُممِند. اِ .... — آیا می‌توانید یک .... معرفی کنید؟

comedy — *کُمِدی* — کمدی، نمایش یا فیلم، خنده‌دار

(good) film	(گُود) فیلم	فیلم (خوب)
musical film	مُوزیکال. فیلم	فیلم موزیکال

Who's playing the lead?

هُوز. پِلِـئ ئینگ. دِ. لید   نقش اول را چه کسی بازی می‌کند؟

Who's the director?   هُوز. دِ. دایرِکتِر   کارگردان آن کیست؟

Ballet - Concert - Opera   باله ـ کنسرت ـ اپرا

Can you recommend...?	کَن. یو. رِکُممِند.....	آیا می‌توانید .... معرفی کنید؟
a ballet	اِ. بالِت	باله
a concert	اِ. کُنسِرت	کنسرت
an opera	اَن. اُپرا	اپرا

Are there any tickets left for tonight?

آر. دِر. اِنی. تیکِتس. لِفت. فُر. تُونایت   آیا بلیط برای امشب هست؟

How much are the seats?

هائو. ماچ. آر. دِ. سیتس   قیمت (بلیط) هر صندلی (نفر) چقدر است؟

I'd like to reserve 2 seats ....

آید. لایک. تُو. رِزرو. تُو. سیتس   من می‌خواهم ۲ صندلی (جا) ..... رزرو کنم.

for Friday (evening)	فُر. فرایدی. (ایونینگ)	برای جمعه (شب)
for Tuesday	فُر. تیوزدِی	برای سه‌شنبه

I'd like a seat ....   آید. لایک. اِ. سیت   من یک صندلی (جا) .... می‌خواهم

in the dress circle.   این. دِ. دِرس. سیرکِل   در بالکن طبقهٔ اول، در لژ طبقهٔ اول

in the upper circle.   این. دِ. آپِر. سیرکِل   در بالکن فوقانی.

in a box.   این. اِ. باکس   در لژ غرفه‌ای.

in the stalls.   این. دِ. اِستِلز   در لژ (تئاتر).

Somewhere in the middle.

سامور. این. دِ. مِیدِل   جایی در وسط، یک جایی در وسط.

May I have a programme, please?

مِی. آی. هَو. اِ. پُرگرام. پلیز   آیا ممکن است برنامهٔ (نمایش) را به من بدهید؟

Where is the cloakroom?

دستشویی (توالت) کجاست؟   وِر. اِیز. دِ. کِلاک رُوُم

I'm sorry , we are sold out.

با عرض معذرت، تمام بلیطها فروخته شده است. آیم. ساری. وی. آر. سُلد. آئوت

Your ticket, please.   یُر. تیکِت. پلیز   لطفاً بلیط.

This is your seat.   دیس. ایز. یُر. سیت   این صندلی (جایِ) شما است.

Nightclubs   نایت کِلابز

کلوبهای شبانه، باشگاههای شبانه

Can you recommend a good nightclub?

آیا ممکن است یک کلوب شبانهٔ خوب معرفی کنید؟ کَن. یُو. رِکُمِند. اِ. گُود. نایت. کِلاب

What time does the show start?

چه موقع شو شروع می‌شود؟   وات. تایم. داز. دِ. شُ. استارت

Is evening dress required?

آیا لباس رسمی شب اجباری است؟   ایز. ایوینینگ. دِرِس. ریکُوارِد

Sports   ورزش‌ها

Are there any sporting events going on?

آر. دِر. اِنی. اِسپُرتینگ. ایوِنتس. گُئینگ. آن

آیا هیچ نوع مسابقهٔ ورزشی برگزار نمی‌شود؟

car racing	کار. ریسینگ	مسابقه اتومبیل‌رانی
basketball	بَسکِتبال	بسکتبال
cricket	کریکِت	کریکت
horse racing	هُرس. ریسینگ	مسابقهٔ اسب دوانی
rowing	رَئوئینگ	قایقرانی
tennis	تِنیس	تنیس
football	فُوت‌بال	فوتبال

volleyball ۇلي بال واليبال

cycle racing سایکِل. رِیسینگ مسابقهٔ دوچرخه‌سواری

Is there a football match this weekend?

ایز. دِر. اِ. فُوتبال. مَچ. دیس. ویک اِند

آیا مسابقهٔ فوتبال در تعطیلات آخر این هفته برگزار می‌شود؟

Which teams are playing?

ویچ. تیمز. آر. پِلِئینگ کدام تیم‌ها بازی می‌کنند؟

Can you get me a ticket?

کَن. یُو. گِت. مي. اِ. تیکِت آیا ممکن است یک بلیط برایم بخرید؟

I'd like to see a rugby game.

آید. لایک. تُو. سی. اِ. راگبي. گِیم دوست دارم (می‌خواهم) یک مسابقهٔ راگبی ببینم.

What's the admission charge?

واتس. دِ. اَدمیشِن. چارج ورودیهٔ آن چقدر است؟

I'd like to play tennis.

آید.لایک.تُو. پِلِي. تِنیس دوست دارم (می‌خواهم) تنیس بازی کنم.

I'd like to ski / skate.

آید. لایک. تُو. اسکی /اِسکِیت من می‌خواهم اسکی / اسکیت بازی کنم.

winter sports وینتِر. اِسپُرتس ورزش‌های زمستانی

mountaineering مانتِین ایرینگ کوهنوردی

cycling سایکِلینگ دوچرخه سواری

jogging جُگینگ دو آهسته و طولانی، دو استقامت

(horse) riding (هُرس) رایدینگ اسب سواری، سوارکاری، اسبدوانی

ice - skating آیس - اِسکِیتینگ پاتیناژ، اسکیت روی یخ

skiing اسکی ئینگ اسکی‌بازی، اسکی

windsurfing

ویندسُورفینگ موج سواری با تخته و بادبان، ویندسرفینگ

hiking(walking) هیکینگ (واکینگ) پیاده‌روی

sailing سیلینگ قایقرانی

swimming سُوئیمینگ شنا

Is there any good hunting / fishing around here?

ایز. دِر. اِنی. گُودُ. هاتینگ / فیشینگ. اِرَئوند. هیِیر

آیا جای خوبی برای شکار / ماهیگیری این اطراف هست؟

Do I need a fishing / hunting licence?

دُو. آی. نید. اِ. فیشینگ / هانتینگ. لایسِنس

آیا برای ماهیگیری / شکار پروانه (جواز) لازم است؟

Can one swim in the lake / river?

آیاکسی دراین دریاچه / رودخانه می‌تواند شناکند؟ *کَن. وان. سُوئیم. این. دِ. لِیک / ریوِر*

Is there a swimming pool here?

آیا اینجا استخر شنا هست؟ *ایز. دِر. اِ. سوئیمینگ. پُول. هیِیر*

Is it open - air or indoor?

آیا استخر رو باز است یا سر پوشیده؟ *ایز. ایت. اُپِن -اِیر. اُر. این دُر*

Is it heated? *ایز. ایت. هیتِد* **آیا آب آن گرم است؟**

What's the temperature of the water?

میزان حرارت آب چقدر است؟ *واتس. دِ. تِمپِریچِر.آو. دِ. واتِر*

PRIVATE BEACH	NO SWIMMING
ساحل خصوصی	شنا کردن ممنوع است

Beach ساحل (دریا)، دریاکنار

Is the beach sandy / stony?

آیا ساحل ماسه‌ای (شنی) / سنگی (صخره‌ای) است؟ *ایز. دِ. بیچ. سَندی / اِستُنی*

Is it safe to swim here?

آیا اینجا برای شنا کردن بی‌خطر است؟ *ایز. ایت. سِیف. تُو. سوئیم. هیِیر*

Is there a lifeguard? *ایز. دِر. اِ. لایف‌گارد* **آیا نجات غریق هست؟**

۹۷

There are some big waves today.

دِر. آر. سام. بيگ. وِيوز. تُودِی

امروز دریا موجهای بزرگی دارد.

What time is high tide / low tide?

وات. تايم. ايز. های. تايد / لئو. تايد

چه موقع مد / جزر می‌شود؟

I'd like to hire...

آيد. لايك. تُو. هایر

من می‌خواهم .... کرایه کنم.

deck chair.

دِک. چِير

صندلی تاشو.

motor boat.

مُتِر.بُت

قایق موتوری.

rowing boat.

رُئينگ.بُت

قایق پارویی.

windsurfer.

ويند سُورفِر

تخته و بادبان موج سواری، ویندسرفر

pedalo.

پِدالُ

پدالو (قایق پدالی که با پازدن مثل دوچرخه روی آب حرکت می‌کند.)

water - skis

واتر ـ اِسکِيز

چوب‌های اسکی روی آب

Introductions

آشنایی و معرفی

May I introduce....?

مِی. آی. اينثِرُدُوس

با اجازه .... را معرفی کنم؟

This is....

ديس. ايز

این..... است.

My name is....

مای. نِيم. ايز

اسم من .... است.

How do you do?

هائو. دُو. يُو. دُو

از آشنایی شما خوشوقتم.

What's your name?

واتس.يُر. نِيم

اسم شما چیست؟

Follow up:

ادامه دهید، دنبال کنید:

How long have you been here?

هائو. لانگ. هَو. يُو. بين. هيیر

چه مدّتی است که اینجا هستید؟

Is this your first visit?

ايز. ديس. يُر. فِرست. ويزيت

آیا این اوّلین سفر شما است؟

No, we came here last year.

نُ. وِی. كِيم. هيیر. لَست. يِر

نه، ما پارسال هم اینجا آمدیم.

How long are you here for?

هائو. لانگ. آر. یُو. هییِر. فُر

چه مدّتی اینجا می‌مانید؟

Are you enjoying yourself?

آر. یُو. اینجُئینگ. یُرسِلف

آیا به شما خوش می‌گذرد؟

Yes, I like it very much.

یس. آی. لایک. ایت. وِری. ماچ

بله، من خیلی دوست دارم، بله، خیلی به من خوش می‌گذرد.

I like the scenery a lot.

آی. لایک. دِ. سینِریِ. اِ. لات

مناظر طبیعی را خیلی دوست دارم.

What do you think of the country / the people?

وات. دُو. یُو. ثینک. آو. دِ. کانتریِ / دِ. پیپل

نظر شما در مورد این کشور / این مردم چیست؟

Where do you come from?

وِر.دُو. یُو. کام. فِرام

از کجا آمده‌اید؟ از کجا می‌آیید؟

Where are you come from?

وِر.آر. یُو. کام. فِرام

کجائی هستید؟ اهل کجا هستید؟

I'm from....	*آیم. فِرام ....*	**من اهل .... هستم.**
Iran.	*ایران*	**ایران.**
I'm Iranian.	*آیم. ایرینیئَن*	**من ایرانی هستم.**
I'm	*آیم*	**من ..... هستم.**
Belgian.	*بِلجیئِن*	**بلژیکی.**
Dutch.	*داچ*	**هلندی.**
Germany.	*جِرمَنی*	**آلمانی.**
Are you ....?	*آر. یُو ....*	**آیا شما .... هستید؟**
British	*بیریتیش*	**انگلیسی، بریتانیایی**
Irish	*آیریش*	**ایرلندی**
scottish	*اِسکُتیش*	**اسکاتلندی**

Where are you staying?

وِر. آر. یُو. اِستِئینگ

کجا اقامت دارید؟

Are you on your own?   آر. یُو. آن. یُر. آئون

آیا تنها هستید؟

I'm with my ....   آیم. ویز. مای

من با .... هستم.

wife   وایف

همسر، خانم

husband   هازبند

شوهر، همسر

family   فَمیلی

خانواده

parents   پَرِنتس

پدر و مادر

children   چیلدِرن

بچه‌ها

grandfather / grandmother

گِرَند فادِر /گِرَند مادِر

پدر بزرگ / مادر بزرگ

father / mother   فادِر. مادِر

پدر / مادر

son / daughter   سان / دائوتِر

پسر / دختر

brother / sister   برادِر / سیستِر

برادر/ خواهر

uncle / aunt   آنکِل / آنت

عمو، دایی / عمه، خاله

cousin

کازین

دختر عمه، پسر عمه، دختر خاله، پسر خاله

Are you married / single?

آر. یُو. مَرید / سینگِل

آیا شما متأهل / مجرد هستید؟

Do you have children?

دُو. یُو. هَو. چیلدِرن

آیا شما بچه دارید؟

What do you do?

وات. دُو. یُو. دُو

شغل شما چیست (چکار می‌کنید)؟

Where do you work?   وِر. دُو. یُو. وُرک

کجا کار می‌کنید؟

I'm a student.   آیم. اِ. اِستیودِنت

من دانش‌آموز (دانشجو) هستم.

What are you studying?

وات. آر. یُو. اِستادینگ

چه رشته‌ای می‌خوانید؟

I'm on a business trip.

آیم.آن.اِ. بیزْنِس. تیریپ **مسافرتم کاری (تجاری) است.**

Do you travel a lot?

دُوُ. یُوُ. تِراوِل. اِ. لات **آیا زیاد مسافرت می‌کنید؟**

The weather هوا، وضع هوا

در کلیهٔ کشورهای اروپایی به علت تنوع آب و هوا، بعد از هر سلام و علیک و یا آشنایی، فوراً از وضع هوا صحبت به میان می‌آید، بنابراین دانستن چند جمله‌ای در این زمینه لازم است.

What a lovely day!	*وات. اِ. لاولیِ. دِی*	**چه روز زیبایی!**
What awful weather!	*وات. آئوفُوُل. وِدِر*	**چه هوای بسیار بدی است!**
Isn't it cold / hot?	*ایزِنت. ایت. کُلد / هات*	**آیا هوا سرد / گرم نیست؟**

Do you think it's going to..... tomorrow?

دُوُ. یُوُ. ثینک. ایتس. گُئینگ. تُوُ ... تُومارُ **آیا فکر می‌کنید فردا ... می‌شود / می‌بارد؟**

be a nice day	*بیِ. اِ. نایس. دِی*	**روز زیبایی**
rain	*رِین*	**باران (باریدن)**
snow	*اِسنیو*	**برف (باریدن)**

What is the weather forecast?

وات. ایز. دِ. وِدِر. فُرکاست **پیش‌بینی هوا چیست؟**

lightning	*لایت نینگ*	**صاعقه، برق**
thunder	*تُندِر*	**تندر، آسمان غرومبه**
hail	*هِیل*	**تگرگ**
sky	*اِسکای*	**آسمان، آب و هوا**
ice	*آیس*	**یخ**
moon	*مُوُن*	**ماه**
fog	*فُگ*	**مه**
thunderstorm	*تُندِر اِستُرم*	**توفان تندری، توفان با رعد.**
star	*اِستار*	**ستاره**

storm	اِستُرم	توفان
frost	فُرُست	یخبندان
wind	ویند	باد
cloud	کِلائود	ابر
sun	سان	خورشید
rain	رِین	باران

Invitations دعوت‌ها

Would you like to have dinner with us on....?

وُد. یُو. لایک. تُو. هَو. دینِر. ویز. آس. آن

آیا میل دارید شام را با ما در ... صرف کنید (بخورید)؟

May I invite you for lunch?

مِی. آی. این وایت. یُو. فُر. لانچ **با اجازه شما را برای نهار دعوت می‌کنم؟**

Can you come round for a drink this evening?

کَن. یُو. کام. رُند. فُر. اِ. دیرینک. دیس. ایوینینگ

آیا بعد از ظهر امروز برای صرف نوشیدنی تشریف می‌آورید؟

There is a party. *دِر. ایز. اِ. پارتی* **یک مهمانی هست.**

Are you coming? *آر. یُو. کامینگ* **آیا می‌آیید؟**

That's very kind of you.

دَتس. وِری. کایند. آو. یُو **متشکرم، لطف دارید، محبت دارید.**

Great. I'd love to come.

گِریت. آید. لاو. تُو. کام **عالیه، با کمال میل می‌آیم.**

What time shall we come?

وات. تایم. شَل. وی. کام **چه وقت باید بیاییم؟**

May I bring a friend?

مِی. آی. برینگ. اِ. فِرِند **ممکن است که دوستی را همراه بیاورم؟**

I'm afraid we have got to leave.

آیم. اَفرِید. وی. هَو. گات. تُو. لیو **متأسفم، ما باید برویم.**

Next time you must come to visit us.

دفعهٔ بعد، شما باید به دیدن ما بیایید. *نِکست. تایم. یُو. ماست. کام. تُو. ویزیت. آس*

Thanks for a lovely evening.

متشکرم، بعد از ظهر خیلی خوبی بود. *تَنکس. فُر. اِ. لاولیِ. ایوینینگ*

Dating
قرار ملاقات گذاشتن

Are you free this evening?

آیا امروز بعد از ظهر وقت آزاد دارید؟ *آر. یُو. فیریِ. دیس. ایوینینگ*

Would you like to go out with me tonight?

آیا میل دارید امشب با من بیرون بیایید؟ *وُد. یُو. لایک. تُو. گُ. ویز. میِ. تونایت*

Would you like to go....?

آیا میل دارید..... بروید؟ *وُد. یُو. لایک. تُو. گُ*

I know a good.... *آی. نُ. اِ. گُود ....* من .... خوبی می‌شناسم.

Shall we go to the cinema?

آیا می‌خواهید به سینما برویم؟ *شَل. وی. گُ. تُو. دِ. سینِما*

Shall we go for a drive?

آیا برویم ماشین سواری (رانندگی) کنیم؟ *شَل. وی. گُ. فُر. اِ. دِرایو*

Where shall we meet? *وِر. شَل. وی. میت* کجا همدیگر را ملاقات کنیم؟

I'll pick you up at your hotel.

من شما را از هتلتان سوار می‌کنم. *آیل. پیک. یُو. آپ. اَت. یُر. هُتِل*

I'll call for you at 8.

ساعت ۸ به شما زنگ (تلفن) می‌زنم. *آیل. کال. فُر. یُو. اَت. اِیت*

May I take you home?

آیا شما را به منزل برسانم؟ *مِی. آی. تِیک. یُو. هُم*

Can I see you again tomorrow?

آیا می‌توانم شما را دوباره فردا ببینم؟ *کَن. آی. سیِ. یُو. اِگِینْ. تُوماژ*

What's your phone number?

شماره تلفن شما چند است؟ *واتس. یُر. فُن. نامبِر*

می‌توانید در پاسخ به سؤالات بالا جواب دهید:

I'd love to, thank you. ‏آید. لاو. تُو. ثَنک. یُو.   با کمال میل، متشکرم.

Thank you, but I'm busy.

ثَنک. یُو. بات. آیم. بیزی   متشکرم، ولی گرفتاری دارم (گرفتارم).

No, I'm not interested, thank you.

نُ. آیم. نات. اینترِستِد. ثَنک. یُو   نه، علاقه‌ای ندارم، متشکرم.

Leave me alone.   تنهایم بگذارید. می‌خواهم تنها باشم. لیو. می. اِلئون

Thank you, it was lovely.

ثَنک. یُو. ایت. واز. لاولی   متشکرم، خیلی عالی بود.

I've enjoyed myself. ‏آیو. اینجُید. مایسِلف   خیلی به من خوش گذشت.

Are you waiting for someone?

آر. یُو. وِیتینگ. فُر. سام وان   آیا منتظر کسی هستید؟

Can I get you a drink?

کَن. آی. گِت. یُو. اِ. دیرینک   یک نوشیدنی برایتان بگیرم؟

Do you mind if I sit down here?

دُو. یُو. مایند. ایف. آی. سیت. دائون. هیِر   آیا اشکالی دارد اگر اینجا بنشینم؟

Is my English that bad?

ایز. مای. اینگلیش. دَت. بَد   آیا انگلیسی من اینقدر بد است؟

Why are you laughing?

وای. آر. یُو. لافینگ   چرا شما می‌خندید؟

Do you have a light, please?

دُو. یُو. هَو. اِ. لایت. پلیز   ببخشید، آیا کبریت (فندک) دارید؟

Would you like a cigarette?

وُد. یُو. لایک. اِ. سیگِرت   آیا سیگار می‌کشید (می‌خواهید)؟

Do you mind if I smoke?

دُو. یُو. مایند. ایف. آی. اِسمُک   آیا اشکالی دارد اگر سیگار بکشم؟

BIRDS COMMON IN BRITAIN

All the drawings are to scale.
With the exception of hen, male birds are shown throughout.

Birds of prey

barn-owl

golden eagle

beak

buzzard

wings

kestrel

Garden and woodland birds

blackbird

blue tit

chaffinch

crow

magpie

skylark

robin

pigeon

swallow

sparrow

starling

thrush

woodpecker

فصل پنجم:

راهنمای خرید
SHOPPING GUIDE

با استفاده از فصل راهنمای خرید، می توانید از فروشگاه‌ها و مغازه‌ها وسایل مورد نیاز خود را خیلی راحت و آسان خریداری نمایید. این فصل اطّلاعات لازم را دربارهٔ خرید و سرویس‌های مورد نیاز در اختیار شما قرار می‌دهد.

Shops and stores — مغازه‌ها و فروشگاه‌ها

مغازه‌ها و فروشگاه‌ها در انگلستان و اکثر کشورهای اروپایی از ۹ صبح تا ۵/۵ یا ۶ بعد ظهر باز است. و یک روز در هفته هم که معمولاً پنجشنبه‌ها و یا شنبه‌ها است تا ساعت ۸ شب باز هستند.

When does.....open / close?

وِن.داز ..... اُپِن / کِلُز — **چه وقت.... باز / بسته می‌شود؟**

Where is the nearest....?

وِر. ایز. دِ. نییِرِست .... — **نزدیکترین.... کجاست؟**

antique shop — *آنتیک. شاپ* — **مغازه عتیقه‌فروشی**

chemist's, pharmacy — *کِمیستس، فارمِسی* — (کلمهٔ رایج در انگلستان) **داروخانه**

baker's, bakery — *بیکِرز، باکِری* — **نانوایی**

cake shop	کِیک. شاپ	**نانوایی و قنادی**
florist's	فِلُریستس	**گل‌فروشی**
bookshop	بُوک شاپ	**کتاب‌فروشی**
electric shop	ایلِکتریک. شاپ	**مغازهٔ الکتریکی**
camera shop	کَمِرا. شاپ	**دوربین‌فروشی**
greengrocer's	گرین گُرُسِرز	**میوه‌فروشی، سبزی‌فروشی**
watchmaker's	واتچ مِیکِرز	**ساعت‌سازی**
ironmonger's	آیِرن مُنگِرز	**لوازم خانگی فروشی**
jeweller's	جُوِلِرز	**جواهرفروشی**
stationer's	اِستِیشِنِرز	**نوشت‌افزارفروشی، لوازم‌التحریرفروشی**
clothes shop	کِلُسِز. شاپ	**فروشگاه لباس، لباس‌فروشی**
newsstand	نیوز اِستَنْد	**دکّه، کیوسک (برای روزنامه و کتاب)**
grocer's	گُرُسِرز	**خواربار فروشی، بقالی**
market	مارکِت	**بازار**
music shop میوزیک. شاپ		**فروشگاه وسایل موسیقی، وسایل موسیقی فروشی**
shoe shop	شُو. شاپ	**فروشگاه کفش، کفش‌فروشی**
tobacconist's	تُبِکُنیتس	**سیگار فروشی**
butcher's	بُوتچِرز	**قصابی**
sweet shop سُوئیت. شاپ		**شکلات و آب نبات فروشی، شیرینی فروشی**
toy shop	تُی. شاپ	**اسباب‌بازی فروشی**
sporting goods shop اِسپُرتینگ. گُودز. شاپ		**فروشگاه وسایل ورزشی، وسایل ورزشی فروشی**
supermarket	سُوپِرمارکِت	**فروشگاه بزرگ، سوپر مارکت**
second - hand shop سِکِند ـ هَند. شاپ		**دست دوّم فروشی، فروشگاه کالای دست دوّم**

shopping centre	شاپینگ. سِنتِر	مرکز خرید

SALE	CLEARANCE
حراج	حراج به علت بسته شدن مغازه، حراج تغییر شغل

Some useful services — بعضی از خدمات (سرویس‌هایِ) موردنیاز

bank	بَنک	بانک
library	لایبرِری	کتابخانه
lost property office	لاست. پُرُپرتی. اُفیس	دفتر اشیای گمشده
veterinarian	وِترِی نِیرِن	دام پزشک
photographer's	فُتُگرافِرز	عکاسی
watchmaker's	واتچ مِیکِرز	ساعت سازی
hairdresser's	هیردِرِسِرز	سلمانی، آرایشگاه
tailor's	تِیلُرز	خیاطی، دوزندگی
art gallery	آرت. گَلِری	نمایشگاه آثار هنری
dressmaker's	دِرِس مِیکِرز	خیاطی زنانه، دوزندگی زنانه
police station	پُلیس. اِستِیشِن	کلانتری، قرارگاه پلیس
post office	پُست. اُفیس	پستخانه، دفتر پست
travel agency	تِراوِل. اِجنسی (اِی جینسی)	آژانس مسافرتی، دفتر خدمات مسافرتی
beauty salon	بیوتی. سالُن	آرایشگاه، سالن زیبایی
dry cleaner's	درای. کیلینِرز	خشکشویی
petrol station	پِترُل. اِستِیشِن	پمپ بنزین
currency exchange office	کارِنسی. اِکسچِنج. اُفیس	صرّافی

General expressions — عبارات و اصطلاحات عمومی

1) WHERE	وِر	۱) کجا

Where can I buy....? ـ وِر. کَن. آی. بای .... ـ کجا می‌توانم .... بخرم؟

Where can I find a....?

وِر. کَن. آی. فایند. اِ .... ـ کجا می‌توانم یک .... پیدا کنم؟

Where is the main shopping area?

وِر. ایز. دِ. مِین. شاپینگ. اِریا ـ محل اصلی خرید کجاست؟

Is there a department store here?

ایز. دِر. اِ. دِپارتْمِنت. اِستُر. هییر ـ آیا فروشگاه بزرگ اینجا هست؟

How do I get there? ـ هائو. دُو. آی. گِت. دِر ـ چطور می‌توانم به آنجا بروم؟

2) SERVICE ـ سِرویِس ـ ۲) خدمات (سرویس)

Can you help me? ـ کَن. یُو. هِلپ. مي ـ آیا ممکن است کمکم کنید؟

I'm looking for.... ـ آیم. لُوکینگ. فُر .... ـ من دنبال .... می‌گردم.

I'm just looking. ـ آیم. جاست. لُوکینگ ـ دارم نگاه می‌کنم.

Do you have / sell....? ـ دُو. یُو. هَو / سِل.... ـ آیا .... دارید / می‌فروشید؟

I'd like.... ـ آید. لایک.... ـ من .... میل دارم (می‌خواهم).

Can you show me....?

کَن. یُو. شُو. مي .... ـ آیا ممکن است .... را به من نشان بدهید؟

this / that ـ دیس / دَت ـ این / آن

the one in the window / display case.

دِ. وآن. این. دِ. ویندُ / دیس‌پلی. کِیس ـ آن یکی در ویترین / جعبهٔ آیینه.

3) DEFINING THE ARTICLE ـ ۳) توضیح مشخصات کالا.

I'd like.... one ـ آید. لایک..... وان ـ من می‌خواهم که ..... باشد.

an elegant ـ آن. ایلِجنت ـ قشنگ (شیک)

a light ـ اِ. لایت ـ روشن (رنگ)

a modern ـ اِ. مُدِرن ـ جدید، امروزی

an original ـ آن. اُرجینال ـ اصل

a sturdy ـ اِ. اِستُردي ـ محکم، بادوام

I don't want anything too expensive

آی.دُنت.وانت.اِنی ثینگ. تُو. اِکسپِنسیو ـ من چیز خیلی گران نمی‌خواهم.

wide / narrow	واید / نَرُ	پهن / باریک
short / long	شُرت / لانگ	کوتاه / بلند
oval	اُوال	بیضی
rectangular	رِک تِن گُوُلِر	مستطیل، مستطیل شکل
round / circle	رُند	گرد، کروی / دایره
square	اِسکُوِئِر	مربع، مربع شکل

4) I'D PREFER   ۴) من..... را ترجیح می‌دهم، من ... را بیشتر دوست دارم

Can you show me something else?

کَن. یُو. شُ. می. سام ثینگ. اِلس   آیا ممکن است چیز دیگری نشانم بدهید؟

Don't you have anything ....?

دُنت. یُو. هَو. اِنی ثینگ ....   آیا شما چیز .... ندارید؟

better / cheaper	بِتِر / چیپِر	بهتر / ارزانتر.
larger / smaller	لارجِر / اِسمالِر	بزرگتر / کوچکتر.
It's too	ایتس. تُو	این خیلی .... است.
big / small.	بیگ / اِسمال	بزرگ / کوچک.
dark / light.	دارک / لایت	تیره / روشن.

5) HOW MUCH   هائو. ماچ   ۵) قیمت ... چقدر ...

How much is this?   هائو. ماچ. ایز. دیس   قیمت این چقدر است؟

I don't understand.   آی. دُنت. آندِرسِتَند   من متوجّه نمی‌شوم.

Please write it down.   پلیز. رایت. ایت. دائون   لطفاً آن را یادداشت کنید.

I don't want to spend more than .... pounds.

آی.دُنت.وانت. تُو. اِسپِند. مُر. دَن.... پاندز   من نمی‌خواهم بیشتر از .... پوند خرج کنم.

6) DECISION   دِسیژِن   ۶) تصمیم‌گیری

I'll take it.   آیل. تِیک. ایت   من این را می‌برم (انتخاب می‌کنم).

No, I don't like it   نُ. آی. دُنت. لایک. ایت   نه، این را نمی‌خواهم.

I don't like the colour / shape.

آی. دُنت. لایک. دِ. کالُر / شِیپ   من رنگ / طرح آن را دوست ندارم.

It's not quite what I want.

آن چیزی که من دقیقاً می‌خواهم نیست. *ایتس. نات. کُوایت. وات. آی. وانت*

7) ANYTHING ELSE? *اِنی‌ثینگ. اِلس* ۷) چیز دیگری لازم هست؟

No, thanks, that's all. *نُ. تَنکس. دَتس. اُل* نه متشکرم. کافی است.

8) ORDERING *اُردِرینگ* ۸) سفارش دادن

Can you order it for me?

آیا ممکن است آن را برای من سفارش دهید؟ *کَن. یُو. اُردِر. ایت. فُر. می*

How long will it take?

چه مدّت طول خواهد کشید؟ *هائو. لانگ. ویل. ایت. تِیک*

9) DELIVERY *دِلیوِری* ۹) تحویل

Deliver it to the ..... hotel.

آن را به هتل .... تحویل دهید. *دِلیوِر. ایت. تُو. دِ. هُتِل*

Please send it to this address.

لطفاً آن را به این آدرس (نشانی) بفرستید. *پلیز. سِند. ایت. تُو. دیس. اَدرِس*

Will I have any difficulty with the customs?

ویل. آی. هَو. اِنی. دیففیکالتی. ویز. دِ. کاستُومز

آیا مشکل گمرکی برایم ایجاد می‌شود؟ (آیا گمرک از من ایراد می‌گیرد؟)

10) PAYING *پِی‌ئینگ* ۱۰) پرداخت

How much is it? *هائو. ماچ. ایز. ایت* قیمت آن چقدر است؟

Can I pay by ....? *کَن. آی. پِی. بای ....* آیا می‌توانم با .... پرداخت کنم؟

credit card *کِردیت. کَرد* کارت اعتباری

traveller's cheque *تِراوِللِرز. چک* چک مسافرتی، تراول چک

Do you accept foreign currency?

آیا پول خارجی (ارز) قبول می‌کنید؟ *دُو. یُو. اَکسِپت. فُرِن. کاررِنسی*

Do I have to pay the VAT?

آیا باید مالیات بر ارزش افزوده پرداخت کنم؟ *دُو. آی. هَو. تُو. پِی. دِ. وی. اِی. تی*

I think there is a mistake in the bill.

فکر می‌کنم در صورتحساب اشتباهی هست. *آی. ثینک. دِر.ایز. اِ. میستِیک.این. دِ. بیل*

May I have a receipt?

آیا ممکن است که رسید (قبض) به من بدهید؟ *مِی. آی. هَو. اِ. ریسیپت*

May I have a bag, please.

لطفاً ممکن است یک ساک به من بدهید؟ *مِی. آی. هَو. اِ. بَگ. پلیز*

Could you wrap it up for me , please?

کُود. یُو. رَپ. ایت. آپ. فُر. می. پلیز

لطفاً ممکن است آن را برای من بپیچید (بسته‌بندی کنید)؟

Can I help you? *کَن. آی. هِلپ. یُو* **آیا می‌توانم کمک کنم؟**

What would you like?

وات. وُد. یُو. لایک **چه می‌خواهید؟**

I'm sorry, we haven't any.

آیم. ساری. وی. هَونت. اِنی **معذرت می‌خواهم، هیچ (اصلاً) نداریم.**

We are out of stock. *وی.آر.آئوت.آو.اِستاک* **موجود نداریم.**

Shall we order it? *شَل. وی. اُردِر. ایت* **آیا می‌توانیم آن را سفارش بدهیم؟**

Will you take it with you or shall we send it?

ویل. یُو. تِیک. ایت. ویز. یُو. اُر. شَل. وی. سِند. ایت

آیا آن را خودتان می‌گیرید یا ما آن را برایتان بفرستیم؟

That's .... pounds, please.

دَتس.... پائوندز. پلیز **بفرمایید، آن ... پوند است.**

11) DISSATISFIED *دیسْسِیتیس فیلد* **۱۱) ناراضی از خرید**

Can I exchange this, please?

آیا ممکن است لطفاً این را عوض کنم؟ *کَن. آی. اِکسچِنج. دیس. پلیز*

I'd like to return this!

می‌خواهم این را برگردانم (پس بدهم)! *آید. لایک. تُو. ریتِرن. دیس*

I'd like a refund.	*آید. لایک. اِ. ریفند*	**می‌خواهم پولم را پس بگیرم.**
Here's the receipt	*هییرز. دِ. ریسیپت*	**بفرمایید، این رسید آن است.**
12) AT THE DEPARTMENT STORE.		**۱۲) در فروشگاه بزرگ.**
Where is....?	*وِر. ایز....*	**.... کجاست؟**
On which floor?	*آن. ویچ. فلُر*	**در کدام طبقه؟**
Which department?	*ویچ. دپارت مِنت*	**کدام قسمت؟**
Where is the....?	*وِر. ایز. دِ ....*	**.... کجاست؟**
cash desk	*کَش. دِسک*	**صندوق**
lift	*لیفت*	**آسانسور**
escalator	*اِسکِلِیتِر*	**پله برقی**
staircase	*اِستِیرکِیس*	**پلکان، پلّه‌ها**

EXIT	**خروجی**
ENTRANCE	**ورودی**
EMERGENCY EXIT	**در خروجی اضطراری**

Chemist's, Pharmacy — داروخانه

در این مکان می توانید علاوه بر دارو، وسایل آرایشی و بهداشتی نیز خریداری نمایید. ما هم در این قسمت آنها را به دو گروه تقسیم کرده‌ایم تا به آسانی به مطالب هر دو بخش دسترسی داشته باشید.

General — عمومی

Where is the nearest (all_night) chemist's?

نزدیکترین داروخانه شبانه کجاست؟ *وِر. ایز. دِ. نییِرِست. (آل. نایت) کِمیست*

What time does the chemist's open / close?

چه ساعتی داروخانه باز / بسته می‌شود؟ *وات. تایم. داز. دِ. کِمیستس. اُپِن /کِلُز*

A _ Pharmaceutical and Bandage — **الف ـ دارو و باند (نوار زخم‌بندی)**

I'd like something for....

من چیزی برای .... می‌خواهم. *آید. لایک. سام ثینگ. فُر ....*

a cough.	اِ. کاف	سرفه.
a headache.	اِ. هِدِک	سردرد.
hay fever.	هِی. فِوِر	تب یونجه.
indigestion.	ایندیگِیشِن	سوء هاضمه.
insect bites.	اینسِکت. بیتس	گزیدگی حشره.
a fever.	اِ. فِوِر	تب.
nausea.	نائوزیِ	تهوع، دل بهم خوردگی.
travel sickness.	تِراوِل. سیک نیس	بیماری ناشی از مسافرت.
an upset stomach.	اَن. آپ سِت. اِستُمِک	اختلال در معده، دل درد.
a cold.	اِ. کُلد	سرماخوردگی.
sunburn.	سان بِرن	آفتاب سوختگی.

Can I get it without a prescription?

کَن.آی. گِت. ایت. ویزائوت. اِ. پِرس کریپشِن **آیا می‌توانم بدون نسخه آن را بگیرم؟**

Do you have any homeopathic remedies?

دُوُ. یُوُ. هَو. اِنی. هُمِئوپَتیک. رِمیدایز

آیا شما داروهای هومئوپاتیک (مربوط به نوعی دارو درمانی) دارید؟

I'd like....	آید. لایک....	من .... می‌خواهم.
some aspirins.	سام. اَسپیرینز	چند تا آسپرین.
some condoms.	سام. کُندُمز	چند تا کاندوم (کاپوت).
some cough syrup.	سام. کاف. سیرُوُپ	شربت سینه.
an insect repellent.	اَن. اینسِکت. ریپِلْلِنت	داروی ضد حشره.
some tranquillizers.	سام. تِران کُوئیلْلیزِرز	چند تا داروی آرام‌بخش.
some throat lozenges.	سام. ثُرئوت. لُزن گِس	چند تا قرص مکیدنی گلودرد.
(a) thermometer.	(اِ) تِرمُمیتِر	دماسنج، حرارت‌سنج.
(an) antipyretic.	(اَن) آنتی پیرتیک	داروی ضدتب، تب بُر.
(some) nose drops.	(سام) نُوز. دِراپس	قطرهٔ بینی.
(some) eye drops.	(سام) آی. دِراپس	قطرهٔ چشم.

(some) ear drops.	(سام) اِر. دِراپس	قطرهٔ گوش.
(some) .... cream.	(سام).... کِـرم	کرم ....
(an) analgesic.	(اَن) آنال جِسیک	داروی ضد درد، مسکن.
(some) elastoplast.	(سام) اِلاستُ پلاست	چسب زخم.
(an) elastic bandage.	(اَن) ایلَستیک. بانداژ	باند (نوار زخم‌بندی) کِشی.
(some) sleeping pills.	(سام) اِسلیپینگ. پیلز	(چند تا) قرص خواب.
(some) .... tablets.	(سام) .... تَبلِتز	(چند تا) قرص ....
(a) bandage.	(ا) بانداژ	باند (نوار زخم‌بندی).
(some) gauze.	(سام) گاز	گاز، تنزیب.
(some) vitamins.	(سام) ویتامینز	(چند تا) ویتامین.
(some) fizzy tablets.	(سام) فیزی. تَبلِتز	(چند تا) قرص جوشان.

POISON	FOR EXTERNAL USE ONLY
سَم	فقط برای استعمال خارجی

B - Toiletries — ب ـ وسایل بهداشتی و آرایشی

I'd like	آید. لایک....	من ... می‌خواهم.
(an) astringent.	(اَن) آسترین جِنت	داروی بندآورندهٔ خون.
(some) after shave.	(سام) اَفتِر. شِیو	ادکُلن (بعد از اصلاح صورت).
(some) bath salts.	(سام) بَث. سالتس	(چند تا) نمک حمّام.
(some) body lotion.	(سام) بادی. لُشِن	لوسیون بدن.
(some) cream....	(سام) کِـرم	کرم....

for dry / normal / greasy skin.

فُر. دِرای / نُرمال / گریسی. اِسکین — برای پوست خشک / معمولی / چرب

foundation cream.	فاندِیشِن. کِـرم	کرم پودر.
day cream	دِی. کِـرم	کرم روز.
night cream	نایت. کِـرم	کرم شب.
cleansing cream.	کیلین زینگ. کِـرم	کرم پاک‌کننده.

(a) deodorant.	(ا) دِئودُرانت	ضدبو، اسپری بدن، دِئودورانت.
(some) face powder.	(سام) فِیس. پُودِر	پودر صورت.
(some) handcream.	(سام) هَند کِـرِم	کرم دست.
(some) lipstick.	(سام) لیپس تیک	ماتیک، روژ لب.
(some) make - up	(سام) میک - آپ	لوازم آرایش.
mouthwash.	مائوث واش	دهان شو، غرغره.
(a) nailbrush.	(ا) نِـیل‌بِراش	بُرس ناخن.
(some) nail polish.	(سام) نِـیل. پُلیش	لاک ناخن.
(some) nail scissors.	(سام) نِـیل سیزرِز	قیچی ناخن، ناخن‌گیر.
(an) eyeliner.	(سام) آی لاینِر	خط چشم.
(some) eye shadow.	(سام) آی. شادُ	سایهٔ چشم.
(some) tissues.	(سام) تیشْشُوس	(چند تا) دستمال کاغذی.
(some) perfume.	(سام) پِرفام	عطر.
(some) powder.	(سام) پُودِر	پودر (آرایشی).
(a) razor.	(ا) رِیزِر	تیغ، ریش تراش.
(some) shaving cream. (سام) شِیوینگ. کِـرِم		کرم ریش‌تراشی.
(some) razor blades.	(سام) رِیزِر. بِلَدِز	(چند تا) تیغ ریش تراشی.
(a) toothbrush.	(ا) تُوث بِراش	مسواک.
(some) toothpaste.	(سام) تُوث پَست	خمیر دندان.
(some) toilet paper.	(سام) تُیلِت. پِیپِر	دستمال یا کاغذ توالت.
(some) foot cream.	(سام) فُوت. کِـرِم	کرم مخصوص پا.
(an) eyebrow pencil.	(اَن) آیبُرو. پِنسیل	مداد ابرو.
(some) soap.	(سام) سُوُپ	صابون.
(some) suntan cream. (سام) سان‌تَن. کِرِم		کرم بُرنزگی، کرم ضد آفتاب سوختگی.
(some) suntan oil. (سام) سان‌تَن. اُیل		روغن بُرنزگی، روغن ضد آفتاب سوختگی.

For your hair

براى موهاى شما

(a) dry shampoo.

شامپوى خشک، شامپو براى موهاى خشک.

(ا) دِراى. شَمپُ

(a) hairbrush.

بُرس مو، بُرس سر.

(ا) هِیربراش

(some) hairgrips.

(چند تا) سنجاق سر.

(سام) هِیرگریپس

(some) hair gel.

ژل موى سر.

(سام) هیر. ژِل

(some) hair spray.

اسپرى موى سر.

(سام) هِیر. اِسپِرى

(hair) dye.

رنگ (مو).

(هِیر) داى

(a) comb.

شانه.

(ا) کُم

(a) colour shampoo.

شامپو براى موهاى رنگ‌شده.

(ا) کالُر. شَمپُ

a shampoo for dry / normal / greasy hair.

یک شامپوبراى موهاى خشک /معمولى /چرب. شَمپُ. فُر. دِراى /نُرمال /اگیریسى. هِیر

For the baby

براى بچّه‌ها

(some) baby food

غذاى بچّه

(سام) بِیبى. فُود

(some) nappies

(چند تا) پوشک

(سام) نَپیز

(a) feeding bottle

شیشهٔ شیر

(اِ) فیدینگ. باتِل

(a) dummy

پستانک

(اِ) دامّى

Bookshop _ Stationer's

کتابفروشى ـ نوشت‌افزارفروشى، لوازم‌التحریر فروشى

Where's the nearest ....?

نزدیکترین .... کجاست؟

وِر. ایز. دِ. نِیـیـرِست

bookshop

کتابفروشى

بُوک شاپ

stationer's

نوشت‌افزار فروشى

اِستِیشِنِرز

newsstand

دکّه یا کیوسک روزنامه فروشى

نیوز اِستَند

Where can I buy a newspaper?

کجا مى‌توانم یک روزنامه بخرم؟

وِر. کَن. آى. باى. اِ. نیوزپِیپِر

Where is the guidebook section?

ور. ایز. دِ. گایدبُوک. سِکشِن.

بخش کتابهای راهنما کجاست؟

Where is the foreign language section?

ور. ایز. دِ. فُرِن لَنگُوئِج. سِکشِن

بخش زبان خارجی کجاست؟

Do you have secondhand books?

دُو. یُو. هَو. سِکِندهَند. بُوکس

آیا کتابهای دست دوّم دارید؟

I'd like a (not too difficult) English novel.

آید. لایک. اِ. (نات. تُو. دیفیکُلت) اینگلیش. نُوِل (ناوِل)

من یک رُمان (داستان بلند) (نه چندان مشکل) انگلیسی می‌خواهم.

I'd like	آید. لایک....	من .... می‌خواهم.
an address book.	اَن. اَدرِس. بُوک	دفترچهٔ راهنمای آدرس.
a diary.	اِ. دایاری	دفتر خاطرات، دفتر یادداشت، دفتر سررسید.
some postcards.	سام. پُست کَردز.	(چند تا) کارت تبریک (کارت پستال).
a ballpoint pen.	اِ. بال‌پُینت. پِن	خودکار.
a note pad.	اِ. نُت. پَد	دسته کاغذ یادداشت.
a book.	اِ. بُوک	کتاب.
some note paper.	سام. نُت. پِیپِر	چند تا کاغذ نامه.
some gift wrapping paper.	سام. گیفت. راپِینگ. پِیپِر	چند تا کاغذ کادو.
some carbon paper.	سام. کاربُن. پِیپِر	چند تا کاغذ کاربُن (کُپیه).
a detective story.	اِ. دِتِکتیو. اِستُری	داستان پلیسی.
some envelopes.	سام. اِنوِلُپز	چند تا پاکت.
some labels.	سام. لِیبِلز	چند تا اتیکِت یا برچسب.
a grammar book.	اِ. گرامِر. بُوک	کتاب دستور زبان.
some ink.	سام. اینک	جوهر (مرکب).
a calendar.	اِ. کَلِندِر	تقویم.

a children's book.	اِ. چیلدْرِنز. بُوک	**کتاب ویژهٔ بچّه‌ها.**
some coloured pencils.	سام. کالُرد. پِنسیلز	**چند تا مداد رنگی.**
a newspaper.	اِ. نیوزپِیپِر	**روزنامه.**
some chalk.	سام. چالک	**گچ.**
a map.	اِ. مَپ	**نقشه.**
some glue.	سام. گُولُو	**چسب.**
a ruler.	اِ. رُولِر	**خطکش.**
a notebook.	اِ. نُت. بُوک	**دفتر یادداشت.**
some paperclips.	سام. پِیپِرکیلیپز	**چند تا گیرهٔ کاغذ.**
some paper.	سام. پِیپِر	**کاغذ.**
a street map.	اِ. اِستریت. مَپ	**نقشهٔ خیابان‌ها.**
a pencil.	اِ. پِنسیل	**مداد.**
a picture - book.	اِ. پیکچِر. بُوک	**کتاب مصوّر، کتاب کودکان.**
a guidebook.	اِ. گایدبُوک	**کتاب راهنما.**
some typing paper.	سام. تایپینگ. پِیپِر	**کاغذ ماشین تحریر.**
some playing cards.	سام. پِلِئینگ. کَردز	**چند تا ورقِ بازی.**
a magazine.	اِ. مَگِزین	**مجله.**
a dictionary.	اِ. دیکشِنِری	**فرهنگ، فرهنگ لغت، واژه‌نامه.**
English - Persian.	اینگلیش. پِرشِن	**انگلیسی - فارسی.**
Persian - English.	پِرشِن. اینگلیش	**فارسی - انگلیسی.**
pocket.	پاکِت	**جیبی.**

a pocket calculator.

اِ. پاکِت. کَلکُولِیتِر — **ماشین حساب جیبی.**

Electrical appliances — دستگاه‌های (لوازم) برقی

Do you have a battery for this?

دُو. یُو. هَو. اِ. باتِری. فُر. دیس — **آیا برای این باتری دارید؟**

This is broken. Can you repair it?

این خراب شده است. آیا می‌توانید آن را تعمیر کنید؟دیس. ایز. بُرُکِن. کَن. یُو. رِپِیر. ایت

Can you show me how it works?

آیا ممکن است که طرز کار آن را به من نشان دهید؟ کَن. یُو. شُ. می. هائو. ایت. وُرکس

I'd like (to hire) a video cassette.

من یک نوار ویدئو می‌خواهم (کرایه کنم).　آید. لایک (تُو. هایر) اِ. ویدِئو. کاسِت

English		Persian
I'd like	آید. لایک....	من .... می‌خواهم.
a tape recorder.	اِ. تِیپ. رِکُردِر	ضبط صوت، دستگاه ضبط صوت.
a battery.	اِ. باتِری	باتری.
a cassette recorder.	اِ. کَسِت. رِکُردِر	ضبط صوت، دستگاه ضبط صوت.
an electric toothbrush	اَن. ایلِکتریک. تُوثِ‌بِراش	مسواک برقی.
a hair dryer	اِ. هِر. دِرایِر	سشوار.
a bulb	اِ. بالب	لامپ.
some headphones.	سام. هِدفُنز	چند تا گوشی (هِدفن).
a lamp.	اِ. لامپ	چراغ.
some speakers.	سام. اِسپیکرز	چند تا بلندگو.
a record player.	اِ. رِکُرد. پلِیر	گرامافون.
a radio.	اِ. رِیدیو	رادیو.
a car radio.	اِ.کار. رِیدیو	رادیوی اتومبیل.
a portable radio.	اِ. پُرتِیبِل. رِیدیو	رادیو دستی.
a (travelling) iron.	اِ. (تراوِلینگ) آیرُن	اتوی سفری.
a shaver.	اِ. شِیوِر	ریش تراش، ماشین ریش‌تراش.
a (colour) television.	اِ. (کالِر) تِلِویژن	تلویزیون (رنگی).
an adaptor.	اَن. آداپتر	آداپتور، رابط.
an amplifier.	اَن. آمپلی فایر	تقویت‌کننده صدا، آمپلی‌فایر.
a video cassette.	اِ. ویدِئو. کاسِت	نوار ویدئو.

an alarm clock. — آن. آلارم. کِلاک — ساعت زنگ‌دار، ساعت شماطه‌دار.

a fuse. — اِ. فیوز — فیوز.

Camera shop — دوربین فروشی

I'd like .... camera. — آید. لایک.... کَمِرا — من دوربین .... می‌خواهم.

an automatic — آن. اُتُمَتیک — اتوماتیک (خودکار)

a simple — اِ. سیمپِل — ساده

an inexpensive — آن. این اِکسپِنسیو — ارزان

Show me some cine / video cameras, please.

شُ. می. سام. سین. / ویدئو. کَمِراز. پلیز

لطفاً چند تا دوربین فیلم‌برداری / ویدئویی به من نشان بدهید.

Do you have a brochure?

دُو. یُو. هَو. اِ. بُرُوشُور — آیا دفترچهٔ راهنما (بروشور) دارید؟

I'd like to have some passport photos taken.

چند عکس گذرنامه‌ای (پاسپورتی) می‌خواهم بگیرم.

آید. لایک. تُو. هَو. سام. پَس‌پُرت. فُتُو. تِیکِن

Films — فیلم‌های دوربین عکاسی و فیلم‌برداری

I'd like a film for this camera.

آید. لایک. اِ. فیلم. فُر. دیس. کَمِرا — من برای این دوربین فیلم می‌خواهم.

I'd like.... — آید. لایک.... — من .... می‌خواهم.

colour slide film. — کالِر. اِسلاید. فیلم — اسلاید رنگی.

colour film. — کالِر. فیلم — فیلم رنگی.

colour negative film. — کالِر. نِگاتیو. فیلم — فیلم نگاتیو رنگی.

black and white film. — بِلَک. آند. وایت. فیلم — فیلم سیاه و سفید.

a discfilm. — اِ. دیسک فیلم — دیسک فیلم.

a roll film. — اِ. رُل. فیلم — حلقه فیلم.

24 / 36 exposures.

تُوانی‌فُر / تِرتی سیکس. اِکسپُژرز **فیلم ۲۴ / ۳۶ عددی.**

this size. دیس. سایز **این اندازه**

this ASA / DIN number

دیس. اِی. اِس. اِی / دی.آی.اِن. نامبِر **این شمارهٔ DIN / ASA .**

high speed. های. اِسپید **سرعت زیاد، با سرعت زیاد.**

daylight type. دِی‌لایت. تیپ **نوعِ (مناسبِ) نورِ روز.**

When will the photos be ready?

وِن. ویل. دِ. فُتُز. بی. رِدی **چه وقت عکس‌ها حاضر خواهد شد؟**

I'd like .... آید. لایک.... **من .... می‌خواهم.**

a battery. اِ. باتِری **باتری.**

a camera case. اِ. کَمِرا. کِیس **کیف دوربین، جا دوربین.**

a filter. اِ. فیلتِر **فیلتر.**

for colour. فُر. کالِر **برای رنگی.**

UV filter یُو. وی. فیلتِر **فیلتر UV .**

a flash. اِ. فِلَش **فلاش (دوربین).**

some flash bulbs. سام. فِلَش. بالبز **چند تا لامپ فلاش.**

a lens. اِ. لِنز **لنز، عدسی.**

a wide - angle lens. اِ. واید. آنجِل. لِنز **عدسی یا لنز زاویه باز.**

a lens shade. اِ. لِنز. شِید **لنز آفتابی.**

SHOPPING GUIDE / راهنمای خرید

Repairs — تعمیرات

Can you repair this camera?

کَن. یُو. ریپِیر. دیس. کَمِرا **آیا می‌توانید این دوربین را تعمیر کنید؟**

The film is jammed. دِ. فیلم. ایز. جَمْمِد **فیلم گیر کرده است.**

There is something wrong with the ....

دِر. ایز. سام‌ثینگ. رانگ. ویز. دِ **... آن عیب پیدا کرده است.**

rangefinder. رینج‌فیندِر مسافت یاب، مسافت سنج.

lightmeter. لایت‌میتِر نورسنج.

flash attachment. فِلَش. اَتِچمِنت ضمیمهٔ فلاش.

shutter. شاتِر پلک زن، بندان، شاتر.

film winder. فیلم. وایندِر دکمهٔ جلوبرندهٔ فیلم، پیچندهٔ فیلم.

Jeweller's and Watchmaker's — جواهر فروشی و ساعت‌سازی

Could I see that, please?

کُود. آی. سی. دَت. پلیز — لطفاً ممکن است آن را ببینم؟

I'd like something in gold / in silver.

آید. لایک. سام‌ثینگ. این. گُلد / این. سیلوِر — چیزی از طلا / از نقره می‌خواهم.

I'd like a small present for ....

آید. لایک. اِ. اِسمُل. پرِزِنت. فُر.... — من یک هدیهٔ کوچک برای .... می‌خواهم.

I don't want anything too expensive.

آی. دُنت. وانت. اِنی‌ثینگ. تُو. اِکسپِنسیو — چیز خیلی گرانی نمی‌خواهم.

Is this ....? ایز. دیس.... آیا این .... است؟

gold گُلد طلا

real silvr ریئِل. سیلوِر نقرهٔ اصل

gold - plated گُلد. پلِیتِد آب طلا (داده شده)

silver - plated سیلوِر. پلِیتِد آب نقره (داده شده)

How many carats is this?

هائو. مِنی. کَریتس. ایز. دیس — چند قیراط است؟

Can you repair this watch?

کَن. یُو. ریپِر. دیس. واتچ — آیا می‌توانید این ساعت را تعمیر کنید؟

It is fast / slow. ایت. ایز. فَست / اِسلُ آن جلو می‌رود / عقب می‌ماند.

I'd like .... آید. لایک.... من .... می‌خواهم.

a cigarette lighter. اِ. سیگَرِت. لایتِر فندک، سیگار.

a bracelet.	اِ. بریسلِیت	دستبند.
a watch.	اِ. واتچ	ساعت (مچی).
a pocket watch.	اِ. پاکِت. واتچ	ساعت جیبی.
a watchstrap.	اِ. واتچ اِستریپ	بند ساعت.
a chain.	اِ. چین	زنجیر.
a clock.	اِ. کُلاک	ساعت (بجز ساعت مچی).
a cross.	اِ. کِراس	صلیب.
some earrings.	سام. اِررینگز	چند تا گوشواره.
guartz.	کُوارتز	کوارتز.
waterproof.	واتِرپُرُف	ضد آب.
What kind of stone is it?		
	وات. کایند. آو. اِستُن. ایز. ایت	آن چه نوع سنگی است؟
chromium	کُرمیُم	کروم
diamond	دیاماند	الماس

Camping equipment — وسایل موردنیاز زندگی در اردوگاه

I'd like to hire	آید. لایک. تُو. هایِر....	می‌خواهم .... کرایه (اجاره) کنم.
I'd like	آید. لایک....	من .... می‌خواهم.
some washing - up liquid.		
سام. واشینگ ـ آپ. لیکُوئید		مایع ظرف‌شویی.
some tinfoil.	سام. تین‌فُیل	کاغذ قلعی.
a tin opener.	اِ. تین. اُپنِر	در بازکن، قوطی بازکن.
some butane gas.	سام. بُوتَن. گَس	گاز بوتان (پیک‌نیکی).
a hammer.	اِ. هامِر	چکش.
an insect spray.	اَن. اینسِکت. اِسپِری	اسپری حشره، حشره‌کش.
some candles.	سام. کَندِلز	چند تا شمع.
an ice pack.	اَن. آیس. پِیک	کیسهٔ یخ.

a lamp.	اِ. لَمپ	چراغ.
an air mattress.	آن. اِیر. مَترِس	دشک بادی.
an air pump.	آن. اِیر. پُمپ	پمپ باد یا هوا.
some matches.	سام. مَتچیز	چند تا کبریت.
some paper napkins.	سام. پیپِر. نَپکینز	چند تا دستمال کاغذی سفره.
some paraffin.	سام. پارافین	پارافین.
a picnic basket.	اِ. پیک‌نیک. بَسکِت	سبد یا زنبیل پیک‌نیک.
a plastic bag.	اِ. پِلَستیک. بَگ	کیسه پلاستیکی.
a food box.	اِ. فُود. باکس	جعبهٔ غذا.
a rucksack.	اِ. راک‌ساک	کوله‌پشتی.
a sleeping bag.	اِ. اِسلیپینگ. بگ	کیسهٔ خواب.
a tent.	اِ. تِنت	چادر، خیمه.
a rope.	اِ. راپ	طناب.
some string.	سام. اِسترینگ	ریسمان، بند، نخ.
a water flask.	اِ. واتِر. فِلاسک	فِلاسک آب.
some washing powder.	سام. واشینگ. پُودِر	پودر لباسشویی.
a torch.	اِ. تُرچ	چراغ قوه.
a penknife.	اِ. پِن‌نایف	چاقوی جیبی.

mugs	لیوان‌های دسته‌دار	spoons	قاشق‌ها
plates	بشقاب‌ها	knives	چاقوها
cups	فنجان‌ها	teaspoons	قاشق‌های چای‌خوری
saucers	نعلبکی‌ها	forks	چنگال‌ها

Clothing — پوشاک، البسه

در این قسمت علاوه بر بیان جملاتی برای خرید راحت‌تر و آسان‌تر البسهٔ موردنیاز شما،

بخشی برای بیان چگونگی نوع جنس و رنگ و جدولی هم برای مقایسهٔ اندازه‌های اروپایی و انگلیسی درنظر گرفته شده است.

Where is there a good clothes shop?

کجا یک مغازهٔ خوب لباس فروشی وجود دارد؟ *وِر. ایز. دِر. اِ. گُود. کِلُث. شاپ*

I'd like a pullover for ....

یک پلووِر برای .... می‌خواهم. *آید. لایک. اِ. پُلُوِور. فُر....*

a woman / a man. *اِ. وُمَن / اِ. مَن* **یک خانم / یک آقا.**

a (10 - year - old) boy / girl.

یک پسر / دختر (۱۰ ساله). *اِ. (تِن. یِر. اُلد) بُی / گِرل*

I like the one in the window.

آن یکی را که توی ویترین است می‌خواهم. *آی. لایک. دِ. وان. این. دِ. ویندُ*

I'd prefer something classic / modern.

چیز قدیمی / جدید را ترجیح می‌دهم. *آید. پیریفِر. سام‌ثینگ. کِلَسیک / مُدِرن*

Size اندازه، سایز، شماره

تولیدات البسه و کفش فروشگاه‌ها با روش‌های مختلفی اندازه‌بندی می‌شود. در جدول زیر اندازه‌های اروپایی و انگلیسی با هم مقایسه شده و امید است که راهنمای خوبی برای شما باشد.

البسهٔ زیر زنانه					
انگلیسی	۱۰/۳۲	۱۲/۳۴	۱۴/۳۶	۱۶/۳۸	۱۸/۴۰
اروپایی	۳۶	۳۸	۴۰	۴۲	۴۴

	کت و شلوار و البسهٔ مردانه						پیراهن					
انگلیسی	۳۶	۳۸	۴۰	۴۲	۴۴	۴۶	۱۴	۱۴½	۱۵	۱۵½	۱۶	۱۷
اروپایی	۴۶	۴۸	۵۰	۵۲	۵۴	۵۶	۳۶	۳۷	۳۸	۳۹	۴۰	۴۲

	کفش									
انگلیسی	۳	۴	۵	۶	۶$\frac{1}{2}$/۷	۷$\frac{1}{2}$	۸	۹	۱۰	۱۱
اروپایی	۳۶	۳۷	۳۸	۳۹	۴۰	۴۱	۴۲	۴۳	۴۴	۴۵

Small (S)	اِسمُل	کوچک
Medium (M)	مِدیُم	متوسط
Large (L)	لارج	بزرگ
Extra large (XL)	اِکسترا. لارج	خیلی بزرگ
larger/smaller	لارجِر ـ اِسمُلِر	بزرگتر / کوچکتر

I take size 38. آی. تِیک. سایز. تِرتی اِیت

من سایز ۳۸ را بر می‌دارم.

I don't know the English sizes.

آی. دُنت. نُ. دِ. اینگلیش. سایزز

اندازه‌های انگلیسی را نمی‌شناسم.

Could you measure me?

کُود. یُو. مِیژِر. می

آیا ممکن است اندازهٔ مرا بگیرید؟

Colours رنگها

beige	بیژ	زرد تیره، بژ
blue	بُلُو	آبی
brown	بِرائون	قهوه‌ای
yellow	یِلُل	زرد
golden	گُلدِن	طلایی
grey	گِری	خاکستری، طوسی
green	گیرین	سبز
lilac	لیلاک	ارغوانی روشن، بنفش یاسی
orange	اُرِنج	پرتقالی، نارنجی
red	رِد	قرمز

pink	پینک	**صورتی**
turquoise	تِراکُوئیز	**فیروزه‌ای**
violet	وئِلِت	**بنفش**
white	وایت	**سفید**
silver	سیلوِر	**نقره‌ای**
black	بِلَک	**سیاه**
dark	.... دارک	**.... تیره**
light	.... لایت	**.... روشن**

plain	**striped**	**polka dots**	**checked**	**patterned**
ساده	**راه‌راه**	**خال‌خال**	**چهارخانه**	**طرح‌دار، گل‌دار**

Do you have anything in cotton?

آیا چیزی از جنس پنبه یا نخ دارید؟ *دُو. یُو. هَو. اِنی‌ثینگ. این. کاتِن*

I'd like	آید. لایک....	**من .... می‌خواهم.**
a lighter.	اِ. لایتِر	**روشنتر.**
a darker	اِ. دارکِر	**تیره‌تر.**
something colourful	سام‌ثینگ. کالِرفُول	**چیزی رنگارنگ.**

I'd like another colour / the same colour as ....

من رنگ دیگری / رنگی مثل .... می‌خواهم. *آید. لایک. اَن‌اَئودِر. کالِر / دِ. سِیم. کالِر. اَز....*

I don't like the colour.

رنگش را دوست ندارم. *آی. دُنت. لایک. دِ. کالِر*

I'd like something in ....

چیزی از جنس .... می‌خواهم. *آید. لایک. سام‌ثینگ. این....*

gabardine.	گاباردیئِن	**گاباردین.**
camel _ hair	کَمِل. هِیر	**پشم شتر.**

cotton.	کاتِـن	پنبه، نخ.
leather.	لِدِر	چرم.
tartan.	تَرتَن	تارتان (پارچهٔ اسکاتلندی).
wool.	وُل	پشم.
silk.	سیلک	ابریشم.
Is it ....?	ایز. ایت....	آیا این .... است؟
pure cotton	پُور. کاتِن	پنبه یا نخ خالص
pure wool	پُور. وُل	پشم خالص

Is it made here / imported?

آیا ساخت داخل کشور / خارج کشور است؟ *ایز. ایت. هییِر / ایمپُرتِد*

Is it handmade? *ایز. ایت. هَندمِید* **آیا کار دست است؟**

Can I wash it (in the machine)?

آیا می‌توانم آن را (با ماشین لباسشویی) بشویم؟ *کَن. آی. واش. ایت (این. دِ. مَشین)*

colourfast	کالِرفَست	دارای رنگ ثابت
crease resistant	کِریز. رِسیستَنت	مقاوم به چروک
easy - care	ایزی. کِر	بشور و بپوش

I'd like 2 meters of this material.

من ۲ متر از این پارچه می‌خواهم. *آید. لایک. تُو. میتِرز. آو. دیس. مَتریال*

How much is it per meter?

قیمت هر متر آن چقدر است؟ *هائو. ماچ. ایز. ایت. پِر. میتِر*

1 centimetre (cm)	وان. سانتی‌میتِر	یک سانتیمتر
1 metre (m)	وان. میتِر	یک متر
3 and a half metres	تری. اَند. اِ. هالف. میتِرز	۳ متر و نیم

A good fit? آیا اندازه است؟ (اندازهٔ مناسب)

Can I try it on? **آیا می‌توانم آن را پُرو کنم (بپوشم)؟** *کَن. آی. تِرای. ایت. آن*

Where is the fitting room?		
وِر. ایز. دِ. فیتینگ. رُوم		**جای پُرو کجاست؟**
Is there a mirror?	*ایز. دِر. اِ. مایرُر*	**آیا آیینه هست (دارد)؟**
It fits very well.	*ایت. فیتس. وِری. وِل*	**کاملاً اندازه است.**
It doesn't fit.	*ایت. دازِنت. فیت*	**اندازه نیست.**
It's too	*ایتس. تُو....*	**آن خیلی .... است.**
short / long	*شُرت / لانگ*	**کوتاه / بلند.**
tight / loose	*تایت / لُوز*	**تنگ / گشاد**
Can you alter it?	*کَن. یُو. اُلتِـر. ایت*	**آیامی‌توانید آن را تنگ یا گشاد کنید؟**
How long will it take to alter?		
هائو. لانگ. ویل. ایت. تِـیک. تُو. اُلتِر		**چقدر طول می‌کشد تا آن تنگ یا گشاد بشود؟**
I'd like it as soon as possible.		
آید. لایک. ایت. اَز. سُون. اَز. پاسیبِل		**من آن را هر چه زودتر (فوری) می‌خواهم.**
Can I exchange this?		
کَن. آی. اِکسچِنج. دیس		**آیا می‌توانم این را عوض کنم؟**

Clothes and accessories — البسه و پوشاک و لوازم فرعی

I'd like	*آید. لایک....*	**من .... می‌خواهم.**
an evening dress.	*اَن. ایوینینگ. دِرِس*	**لباس رسمی، لباس شب.**
a swimsuit.	*اِ. سوئیم سوئیت*	**لباس شنا، مایوی زنانه.**
a bra.(B.H)	*اِ. برا*	**سینه‌بند، کرست.**
a blouse.	*اِ. بلوز*	**بلوز، بُلیز.**
some trousers.	*اِ. سام. تِرازِرز*	**شلوار.**
a handbag.	*اِ. هَندبَگ*	**کیف پول، کیف دستی (زنانه).**
a vest.	*اِ. وِست*	**زیرپیراهنی، جلیقه.**
a hat.	*اِ. هَت*	**کلاه.**

a jacket.	اِ. جَکِت	کت، ژاکت.
some jeans.	سام. جینز	شلوار جین.
a dress.	اِ. دِرِس	لباس، پیراهن زنانه.
some children's clothes.	سام. چیلدْرِنز. کِلُثِز	لباس بچگانه.
some sports socks.	سام. اِسپُرت. ساکس	جوراب ورزشی.
a suit.	اِ. سُوت	لباس، کت و شلوار.
a pair of stockings.	اِ. پیر. آو. اِستاکینگز	یک جفت جوراب ساقه بلند زنانه.
a nightgown.	اِ. نایت گئون	لباس خواب زنانه، پیراهن خواب.
a pair of underpants.	اِ. پیر. آو. آندِرپَنتس	زیرشلواری.
a slip.	اِ. اِسلیپ	زیرپوش.
a shirt.	اِ. شِرت	پیراهن.
an umbrella.	اَن. آمبرِلْلا	چتر.
a pullover.	اِ. پُلْلووِر	پلوور.
with short / long	ویز. شُرت / لانگ....	با کوتاه / بلند ....
sleeves.	اِسلیوز	آستین(های).
sleeveless.	اِسلیولِس	بی‌آستین.
polo neck.	پُل. نِک	یقه اسکی.
round neck.	رُند. نِک	یقه گرد.
V - neck.	وی. نِک	یقه هفت، یقه انگلیسی.
a pair of pyjamas.	اِ. پیر. آو. پیجاماز	پیژامه.
a skirt.	اِ. اِسکِرت	دامن.
some shorts.	سام. شُرتس	شلوارک، شورت.
a scarf.	اِ. اِسکِرْف	روسری، شال گردن.
a sports jacket.	اِ. اِسپُرتس. جَکِت	کت تک، کت اسپرت.
a tie.	اِ. تای	کراوات.
a button.	اِ. باتْنِ	دکمه.
a zip.	اِ. زیپ	زیپ.

Shoes — کفش

I'd like a pair of	آید. لایک. ار. پِیر. آو....	**یک جفت .... می‌خواهم.**
climbing boots.	کِلایمبینگ. بُتس	**کفش کوه.**
plimsolls.	پلیمسُلز	**کفش کتانی.**
boots.	بُتس	**پوتین، چکمه.**
leather boots.	لِدِر. بُتس	**پوتین یا چکمهٔ چرمی.**
slippers.	اِسلیپِرز	**دمپایی.**
sandals.	سَندَلز	**صندل.**
shoes.	شُوز	**کفش.**
with a (high) heel.	ویز. اِ. (های) هیل	**با پاشنه (بلند).**
tennis shoes.	تِنیس. شُوز	**کفش تنیس.**
walking shoes.	واکینگ. شُوز	**کفش پیاده‌روی.**
These are too	دیز. آر. تُو....	**آنها خیلی .... هستند.**
large / small.	لارج / اسمُل	**بزرگ / کوچک.**
narrow / wide.	نَرُ / واید	**تنگ / گشاد.**
Do you have a larger / smaller size?	دُو. یُو. هَو. اِ. لارجِر / اِسمُلِر. سایز	**آیا اندازهٔ بزرگتر / کوچکتر دارید؟**
Do you have the same in black?	دُو. یُو. هَو. دِ. سِیم. این. بِلَک	**آیا مشکی همین را دارید؟**
I need some shoe polish / shoelaces	آی. نید. سام. شُو. پُلیش / شُولِیسِز	**من واکس / بند کفش می‌خواهم.**

SHOE REPAIRS — تعمیرات کفش پذیرفته می‌شود

Can you repair these shoes?	کَن. یُو. ریپیر. دیز. شُوز	**آیا می‌توانید این کفش‌ها را تعمیر کنید؟**
I'd like them heeled.	آید. لایک. دِم. هیلِد	**می‌خواهم پاشنهٔ آنها را عوض کنم.**

When will they be ready?

وِن. وِیل. دِی. بی. رِدی

چه وقت حاضر می‌شود؟

Grocer's

خواربارفروشی، بقالی

I'd like some bread, please.

آید. لایک. سام. برِد. پلیز

لطفاً مقداری نان می‌خواهم.

What sort of cheese do you have?

وات. سُرت. آو. چیز. دُوُ. یُوُ. هَو

چه نوع پنیرهایی دارید؟

A piece of .... اِ. پیس. آو....

یک تکه از ....

That one. دَت. وان

آن یکی.

The one on the shelf. دِ. وان. آن. دِ. شِلف

آن یکی روی قفسه.

I'll have one of those, please.

آیل. هَو. وان. آو. دُز. پلیز

لطفاً یکی از آنها را می‌خواهم.

May I help myself?

مِی. آی. هِلپ. مایسِلف

می‌توانم خودم بردارم؟

I'd like .... آید. لایک....

من .... می‌خواهم.

half a pound of cherries.

هالف. اِ. پائوند. آو. چِریز

نیم پوند گیلاس.

a litre of milk. اِ. لیتر. آو. میلک

یک لیتر شیر.

half a dozen eggs. هالف. اِ. دُزِن. اِگز

نیم دو جین تخم‌مرغ.

4 packet of tea. فُر. پاکِت. آو. تی

۴ بسته (پاکت) چای.

4 slices of .... فُر. اِسلیسِز. آو....

چهار برش از ....

a jar of jam. اِ. جار. آو. جَم

یک شیشه مربا.

a tin of peaches اِ. تین. آو. پیچِز

یک کمپوت هلو.

a tube of mustard. اِ. توب. آو. موستارد

یک لوله سس خردل.

a box of chocolates.

اِ. باکس. آو. چاکُلِتس

یک جعبه (بسته) شکلات.

Weights and measures / اوزان و اندازه‌ها

1 oz = an ounce	(یک اُنس)	=۲۸, ۳۵	گرم (g)
1 lb = a pound	(یک پوند)	=۴۵۳, ۶	گرم (g)
1 kg = a kilo	(یک کیلو، یک کیلوگرم)	=۲, ۲	پوند (lb)
100 g =	(صدگرم)	=۳, ۵	اُنس (oz)
1 pint	(وان. پاینت) یک پاینت =	۰, ۵۷	لیتر (L)
1 gallon	(وان گَلُن). یک گالن =	۴, ۵	لیتر (L)
1 liter	(وان لیتِر). یک لیتر =	۱, ۷۶	پاینت

Optician / عینک‌ساز

I'd like .... آید. لایک.... من .... می‌خواهم.

some glasses. سام. گِلَسیز عینک.

a spectacle case. اِ. اِسپِکتِیکِل جای عینک، جلد عینک.

a spectacle. اِسپِکتِیکِل عینک (طبی).

some contact lenses. سام. کُنتاکت. لِنزیز لنز چشم.

a magnifying glass. اِ. مَگْنیفینگ. گِلَس ذره‌بین.

a pair of binoculars. اِ. پِیر.آو. بینُکُولارس دوربین دو چشمی.

a pair of sunglasses. اِ. پِیر. آو. سان گِلَسیز عینک آفتابی (دودی).

I've broken my glasses.

آیو. بُرُکِن. مای. گِلَسیز عینکم را شکسته‌ام.

Can you repair them for me?

کَن. یُو. رِیپِئر. دِم. فُر. مِی آیا آن را می‌توانید برایم تعمیر کنید؟

When will they be ready?

وِن. ویل. دِی. بی. رِدی چه وقت حاضر می‌شود؟

Can you change the lenses?

کَن. یُو. چِنج. دِ. لِنزیز آیا می‌توانید شیشه‌های (عدسی) آن را عوض کنید؟

I want tinted lenses.

آی. وانت. تینتِد. لِنزِز

من شیشه‌های (عدسی‌های) رنگی می‌خواهم.

The frame is broken.

دِ. فریم. ایز. بُرُکِن

قاب (عینک) شکسته است.

I'd like to have my eyesight checked.

آید. لایک. تُوُ. هَو. مای. آی‌سایت. چِکِپد

من می‌خواهم دید چشمهایم (بینایی‌م) را کنترل کنید.

I'm short ‑ sighted / long ‑ sighted.

آیم. شُرت ‑ سایتِد / لانگ ‑ سایتِد

من نزدیک‌بین / دوربین هستم.

I've lost one of my contact lenses.

آیو. لاست. وان. آو. مای. کُنتاکت. لِنزِز

من یکی از لنزهای چشمم را گم کرده‌ام.

Could you give me another one?

کُوُد. یُوُ. گیو. می. اَن‌آئودِر. وان

آیا لطف می‌کنید یکی دیگر به من بدهید؟

I've hard / soft lenses.

آیو. هارد / سافت. لِنزِز

لنز چشم من سخت / نرم است.

Do you have any contact ‑ lens fluid.

دُوُ. یُوُ. هَو. اِنی. کُنتاکت ‑ لِنز. فُلُید

آیا مایع لنزهای چشم دارید؟

May I look in a mirror?

مِی. آی. لُوک. این. اِ. مایرُر

می‌خواهم به آیینه نگاه کنم؟

How much do I owe you?

هائو. ماچ. دُوُ. آی. اُئو. یُوُ

چقدر باید تقدیم کنم (بپردازم)؟

سیگار فروشی

Tobacconist's

سیگار، سیگار برگ، توتون و تنباکو را می‌توانید علاوه بر فروشگاه‌های سیگارفروشی از دکه‌های کنار خیابان نیز که وسایل متفرقه را می‌فروشند، بخرید. در کشورهای اروپایی و انگلستان به سیگار برگ سیگار می‌گویند و سیگارهای معمولی را که در پاکت‌هـای ۲۰ عددی بسته‌بندی شده است سیگارت می‌نامند.

A packet of cigarettes, please.

لطفاً یک پاکت سیگار بدهید. *اِ. پاکِت. آو. سیگارِتس. پلیز*

Do you have any American / French cigarettes?

آیا سیگار آمریکایی / فرانسویی دارید؟ *دُوُ. یُوُ. هَو. اِنی./اَمِریکن / فِرِنچ. سیگَرِتس*

I'd like a carton. *آید. لایک. اِ. کارتُن* **یک جعبه سیگار می‌خواهم.**

Give me ...., please. *گیو. می. .... پلیز* **لطفاً ..... به من بدهید.**

a lighter *اِ. لایتِر* **فندک**

some lighter fluid / gas

مقداری بنزین / گاز فندک *سام. لایتِر. فْلُید /گَس*

an ashtray *اَن. اَشتریِ* **زیرسیگاری**

some chewing gum *سام. چیوینگ. گام* **آدامس**

some matches *سام. مَتچیز* **(چند تا) کبریت**

a pipe *اِ. پایپ* **پیپ**

some pipe cleaners *سام. پایپ. کیلینِرز* **(چند تا) پیپ تمیزکن**

some pipe tobacco *سام. پایپ. تُبَکُوُ* **توتون پیپ**

some cigars *سام. سیگارز* **(چند تا) سیگار برگ**

some cigarettes *سام. سیگارتز* **(چند تا) سیگار**

filtertipped *فیلتِرتیپد* **فیلتر دار**

without filters *ویزآئوت. فیلتِرز* **بدون فیلتر**

king - size *کینگ - سایز* **بزرگ**

mild (light) / strong *میلد (لایت) /استِرانگ* **ملایم (سبک) / قوی (تند)**

a cigarette holder *اِ. سیگارت. هُلدِر* **چوب سیگار**

a cigarette case *اِ. سیگارِت. کِیس* **جاسیگاری**

Try one of these. *ترای. وان. آو. دیز* **یکی از اینها را امتحان کنید.**

They are very mild. *دی. آر. وِریِ. مایلد* **آنها خیلی ملایم هستند.**

They are quite strong.

آنها خیلی تند نیستند. *دی. آر. کوایت. اِستِرانگ*

Records _ Cassettes صفحه‌های گرام ـ نوارها، کاست‌ها

Do you have any records by ....?

دُو. یُو. هَو. اِنی. رِکُردز. بای .... **آیا از .... صفحهٔ گرام دارید؟**

I'd like	*آید. لایک....*	**من .... می‌خواهم.**
a (blank) cassette.	*اِ. (بِلانک) کَسِت*	**نوار (خالی).**
a compact disc.	*اِ. کُمپَکت. دیسک*	**دیسک فشرده، دیسک نوری.**
a video cassette	*اِ. ویدئو. کَسِت*	**نوار ویدئو.**

L.P.	*اِل. پی*	**صفحه سی و سه دور، اِل پی**
E.P.	*ایی. پی*	**صفحهٔ ۴۵ دور، ای پی**
Single	*سینگِل*	

صفحهٔ سینگل (در هر طرف صفحه یک آهنگ کوتاه ضبط شده است).

Do you have any songs by ....?

دُو. یُو. هَو. اِنی. سانگز. بای.... **آیا از .... آهنگ (ترانه) دارید؟**

Can I listen to this record?

کَن. آی. لیسِن. تُو. دیس. رِکُرد **آیا ممکن است به این صفحهٔ گرام گوش کنم؟**

light music	*لایت. میوزیک*	**موسیقی آرام (سبک)**
instrumental music	*اینستُرمِنتال. میوزیک*	**موسیقی سازی.**
classical music	*کِلَسیکال. میوزیک*	**موسیقی کلاسیک**
orchestral music	*اُرکِسترال. میوزیک*	**موسیقی ارکستری**
pop music	*پُپ. میوزیک*	**موسیقی پاپ**
folk music	*فُلک. میوزیک*	**موسیقی محلّی**

Toys اسباب‌بازی‌ها

I'd like a toy / game ....

آید. لایک. اِ. تُی /گیم.... **من یک اسباب‌بازی / بازی .... می‌خواهم.**

for a boy.	*فُر. اِ. بُی*	**برای یک پسربچّه.**

for a 5 _ year _ old girl
فُر. اِ. فایو ـ یر ـ اُلد. گِرل — **برای یک دختربچّهٔ پنج ساله**

a (beach) ball — *اِ. (بیچ) بال* — **یک توپ (پلاستیکی)**

some building blocks — *سام. بیلدینگ. بُلْکس* — **چند قطعه برای ساختمان سازی**

an electronic game — *اَن. ایلِکتِرُنیک. گِیم* — **بازی کامپیوتری (رایانه‌ای)**

a card game — *اِ. کَرد. گِیم* — **ورق بازی، بازیِ ورق**

a doll — *اِ. دُل* — **عروسک**

some doll's clothes — *سام. دُلز. کِـلُثیز* — **لباس عروسک**

a puzzle — *اِ. پازِل* — **پازل**

some roller skates
سام. رُلْلِر. اِسکِیتز — **رول اسکیت، اسکیت روی سطح صیقلی**

a colouring book
اِ. کالُرینگ. بُوک — **کتاب رنگ‌زنی، کتاب برای رنگ‌آمیزی.**

a toy car — *اِ. تُی. کار* — **ماشین اسباب‌بازی**

signs of the zodiac

ARIES
21st March–
20th April

TAURUS
21st April–
20th May

GEMINI
21st May–
20th June

CANCER
21st June–
20th July

LEO
21st July–
19th/22nd August

VIRGO
20th/23rd August–
22nd September

LIBRA
23rd September–
22nd October

SCORPIO
23rd October–
21st November

SAGITTARIUS
22nd November–
20th December

CAPRICORN
21st December–
20th January

AQUARIUS
21st January–
19th February

PISCES
20th February–
20th March

⏰	10:00	ten o'clock
	5:15	(a) quarter past five five fifteen
	6:30	half past six six thirty
	3:45	(a) quarter to four three forty-five
	11:10	ten past eleven eleven ten
	11:40	twenty to twelve eleven forty
	14:07	seven minutes past two two o seven ✳

What time is it?

What's the time?

It's ten o'clock.

To show what part of the day we mean, we can use:

a.m. *or* **in the morning**

The meeting is at 10 a.m.
The telephone rang at four o'clock in the morning.

p.m. *or* **in the afternoon**
in the evening
at night

The shop closes at 6 p.m.
She came home at eight o'clock in the evening.

✳ We do not often use the 'twenty-four hour clock' when we say times (so we do not say 'fourteen o seven'). We occasionally use it when we are reading a time from a bus or train timetable.

60 seconds	= 1 minute
60 minutes	= 1 hour
24 hours	= 1 day

Saying numbers

267 two hundred and sixty-seven

4 302 four thousand, three hundred and two

Saying '0'

We usually say **nought** or **zero**:

nought point five (0.5)

In telephone numbers, we usually say **o** (you say it like **oh**):

My telephone number is 29035 (two nine **o** three five).

When we talk about temperature, we use **zero**:

It was very cold ~ the temperature was below **zero**.

In scores of games like football, we say **nil**:

The score was two-**nil**.

Writing numbers

We put a small space or a comma (**,**) between *thousands* and *hundreds* in numbers, for example:

15 000 or 15,000

Fractions

◐	¹/₂	a half
◔	¹/₃	a/one third
◔	¹/₄	a/one quarter
◔	¹/₈	an/one eighth
◔	¹/₁₆	a/one sixteenth
◕	³/₄	three quarters
●◔	1²/₅	one and two fifths

☞ To find out more about how to say **telephone numbers**, look at page 300.

☞ To find out more about how to say and write **numbers in dates**, look at page 297.

We use **.** (NOT **,**) in **decimals**.

Symbols		We write:	We say:
.	point	3.2	three point two
+	plus	5 + 6	five plus six
-	minus	10 - 4	ten minus four
x	multiplied by/ times	4 x 6	four multiplied by six four times six
÷	divided by	4 ÷ 2	four divided by two
%	per cent	78%	seventy-eight per cent
=	equals	1 + 3 = 4	one plus three equals four

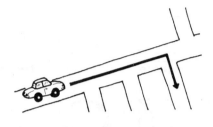

*He has got **three** children.*

*Take the **third** road on the right.*

1	one	1st	first
2	two	2nd	second
3	three	3rd	third
4	four	4th	fourth
5	five	5th	fifth
6	six	6th	sixth
7	seven	7th	seventh
8	eight	8th	eighth
9	nine	9th	ninth
10	ten	10th	tenth
11	eleven	11th	eleventh
12	twelve	12th	twelfth
13	thirteen	13th	thirteenth
14	fourteen	14th	fourteenth
15	fifteen	15th	fifteenth
16	sixteen	16th	sixteenth
17	seventeen	17th	seventeenth
18	eighteen	18th	eighteenth
19	nineteen	19th	nineteenth
20	twenty	20th	twentieth
21	twenty-one	21st	twenty-first
30	thirty	30th	thirtieth
40	forty	40th	fortieth
50	fifty	50th	fiftieth
60	sixty	60th	sixtieth
70	seventy	70th	seventieth
80	eighty	80th	eightieth
90	ninety	90th	ninetieth
100	a/one hundred	100th	hundredth
101	a/one hundred and one	101st	hundred and first
200	two hundred	200th	two hundredth
1 000	a/one thousand	1 000th	thousandth
1 000 000	a/one million	1 000 000th	millionth

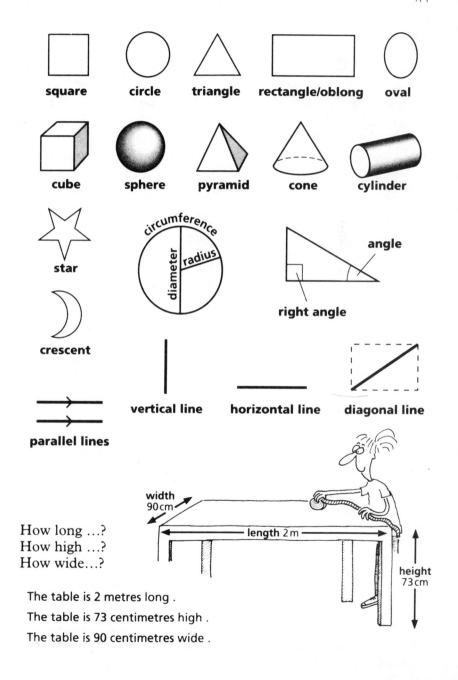

square **circle** **triangle** **rectangle/oblong** **oval**

cube **sphere** **pyramid** **cone** **cylinder**

star

circumference

diameter radius

angle

right angle

crescent

vertical line **horizontal line** **diagonal line**

parallel lines

width
90 cm

How long ...?
How high ...?
How wide...?

length 2 m

height
73 cm

The table is 2 metres long .

The table is 73 centimetres high .

The table is 90 centimetres wide .

فصل ششم:

بانک و پول
BANK AND MONEY

Bank _ Money **بانک ـ پول**

بانکها در انگلستان و اکثر کشورهای اروپایی همه روزه از دوشنبه تا جمعه از ساعت ۹/۳۰ صبح تا ۳/۳۰ بعد از ظهر و بعضی از آنها فقط در صبح شنبه باز هستند، و اکثر آنها کار تبدیل پول‌های خارجی (ارز) را هم انجام می‌دهند. پوند استرلینگ یا پوند انگلستان با علامت **(£)** نشان داده می‌شود.

1 pound **(£)** (یک پوند) = 100 pence **(P)** (یکصد پنی)

اسکناس‌های انگلیسی عبارتند از: **£5 ,£10 ,£20 ,£50**

سکه‌های انگلیسی عبارتند از: **1P, 2P, 5P, 10P, 20P, 50P, £1**

دو سکهٔ دیگر هم در انگلستان رایج است که از قدیم‌الایام باقی مانده است و عبارتند از:

1 shilling = 5 pence 2 shilling = 10 pence

change چِنج **تبدیل پول‌های خارجی (ارز)**

Where is the nearest bank?

نزدیکترین بانک کجاست؟

وِر. ایز. دِ.نییِرست. بَنک

When dose it open / close?

چه وقت آن باز / بسته می‌شود؟

وِن. داز. ایت. اُپِن / کِلُز

I'd like to change some .....

من می‌خواهم چند تا ... تبدیل کنم.   آید. لایک. تُو. چِنج. سام....

Dutch guilders	داچ. گیلدِرز	گیلدِر هلند
Belgian francs	بِلجِین. فِرانکس	فرانک بلژیک
Dutch marks	داچ. مارکس	مارک آلمان
American dollars	آمریکَن. دالِرز	دلار آمریکا

What's the exchange rate? واتس. دِ. اِکسچِنج. رِیت؟ نرخ تبدیل چقدر است؟

Could you give me ... 10_pound_notes, please?

کُود. یُو. گیو. می.... تِن ـ پاند ـ نُتس. پلیز

آیا ممکن است لطفاً اسکناس‌های ۱۰ پوندی به من بدهید؟

I need some small change.

آی. نید. سام. اِسمُل. چِنج   من مقداری پول خرد نیاز دارم.

I'd like to cash a traveller's cheque / Eurocheque.

آید. لایک. تُو. کَش. اِ تِراوِل لِرز. چِک /اِیُروچِک

من می‌خواهم یک چک مسافرتی / چک اروپایی را نقد کنم.

How much commission do you charge?

هائو. ماچ. کامُمیژن. دُو. یُو. چارج   شما چقدر کارمزد برمی‌دارید (حساب می‌کنید)؟

Can you cash a personal cheque?

کَن. یُو. کَش. اِ. پِرسُنال. چِک   آیا می‌توانید یک چک شخصی را نقد کنید؟

I have	آی. هَو....	من ... دارم.
a bank card.	اِ. بَنک. کَرد	کارت بانکی.
a credit card.	اِ. کِردیت. کَرد	کارت اعتباری.

an introduction from ....

اَن. اینتِرودِاکشِن. فِرام....   معرفی‌نامه از ....

I'm expecting some money from .... Has it arrived?

آیم. اِکسپِکتینگ. سام. مانی. فِرام ..... هَز. ایت. اَرایوِد

من منتظر مقداری پول از ...... هستم. آیا آن رسیده است؟

Deposit - Withdraw

پرداخت (پول به حساب ریختن) ـ دریافت (پول از حساب برداشتن)

I'd like to	*آید. لایک. تُو....*	**من می‌خواهم ....**
withdraw .... pounds.	*ویزدِرائو.... پاندز*	**.... پوند بگیرم.**
open an account.	*اُپن. اَن. اَکْکانت*	**یک حساب باز کنم.**

I'd like to pay this into my account.

من می‌خواهم این را به حسابم بریزم. *آید. لایک. تُو. پِی. دیس. این‌تُو. مای. اَکْکانت*

Where should I sign? *وِر. شُود. آی. ساین* **کجا را باید امضا کنم؟**

Can I ask .... pounds.

کَن. آی. آسک.... پاندز **آیا من می‌توانم .... پوند بگیرم؟**

Business terms — اصطلاحات تجاری

My name is	*مای. نِـیم. ایز....*	**اسم من .... است.**
Here is my card.	*هیـِر. ایز. مای. کَرد*	**بفرمایید، این کارت من است.**

I have an appointment with ....

آی. هَو. اَن. اَپْپینت مِنت. ویز.... **من قرار ملاقاتی با .... دارم.**

Can you give me an estimate of the cost?

کَن. یُو. گیو. مي. اَن. اِستیمـِیت. آو. دِ. کاست

آیا می‌توانید یک برآورد قیمت به من بدهید؟

What's the rate of inflation?

واتس. دِ. رِیت. آو. این فِلِـیشِن **نرخ تورم چقدر است؟**

Can you provide me with ....?

کَن. یُو. پْرُواید. مي. ویز.... **آیا می‌توانید .... در اختیار من قرار بدهید؟**

a secretary	*اِ. سِکْرِتِري*	**منشی**
an interpreter	*اَن. اینتِرپرِتِر*	**مترجم شفاهی**
a translator	*اِ. تِـرانس لِیتِر*	**مترجم**
a translation	*اِ. تِرانس لِیشِن*	**ترجمه**

Where can I make photocopies?

وِر. کَن. آی. مِیک. فُتُکُپیز — **کجا می‌توانم فتوکپی بگیرم؟**

share	شِر	سهم
purchase	پُرچِیس	خریدن، خرید
amount	اَمُنت	جمع، سرجمع، مبلغ، مبالغ
payment	پِی‌مِنت	پرداخت
cheque	چِک	چک
contract	کُنتراکت	قرارداد
discount	دیس‌کانت	تخفیف (از قیمت چیزی)
investment	این‌وِست‌مِنت	سرمایه‌گذاری
capital	کَپیتال	سرمایه
rebate	ریبیت	تخفیف، کاهش (از مالیات و بدهکاری)
credit	کِردیت	اعتبار
percentage	پرسِنتیج	پورسانتاژ، درصد
invoice	این‌وُیس	فاکتور، برگ فروش
sale	سِیل (سِل)	فروش
loss	لُوز	ضرر، زیان
profit	پُرُفیت	سود

POST OFFICE, TELEGRAMS, TELEPHONE
پست، تلگراف، تلفن

At the post office — در پستخانه

در انگلستان و شاید بتوان گفت اکثر کشورهای اروپایی روزهای کاری پستخانه‌ها از دوشنبه تا جمعه و از ساعت ۹ صبح تا ۵/۳۰ یا ۶ بعد از ظهر است. دفاتر مرکزی و شعبه‌های بزرگ

مرکز شهر، شنبه‌ها از ۹ صبح تا ۱۲/۳۰ بعد از ظهر نیز باز است. کلیهٔ صندوق‌های پستی قرمز رنگ هستند. شما می‌توانید از سرویس‌های پست سریع (first class) یا عادی (second class) یا پست هوایی (air mail) استفاده کنید. کلیهٔ خدمات پستی از یکی از کشورهای اروپایی به انگلستان یا بالعکس بدون استثنا از طریق پست‌هوایی انجام می‌پذیرد.

Where is the post office?

پستخانه کجاست؟ *وِر. ایز. دِ. پُست. اُفیس*

What time does it open / close?

چه ساعتی باز / بسته می‌شود؟ *وات. تایم. داز. ایت. اُپن /کِلُز*

At which counter can I get stamps?

از کدام باجه می‌توانم تمبر تهیه کنم؟ *اَت. ویچ. کانتِر. کَن. آی. گِت. اِستَمپس*

A stamp for this letter / this postcard, please.

اِ. اِستَمپ. فُر. دیس. لِتِر / دیس. پُست‌کَرد. پلیز

لطفاً یک تمبر برای این نامه / این کارت پستال

What's the postage for a letter to ....

هزینهٔ پست یک نامه به .... چقدر است؟ *واتس. دِ. پُشتِیج. فُر. اِ. لِتِر. تو....*

Belgium	*بِلجیم*	**بلژیک**
Iran	*اِیران*	**ایران**
The Netherlands	*دِ. نِدِلَندز*	**هلند**
Holland	*هُلَند*	**هلند**
The U.S.A	*دِ. یُو. اِس. اِی*	**ایالات متحدهٔ آمریکا**

Where is the letter box?

صندوق نامه (پست) کجاست؟ *وِر. ایز. دِ. لِتِر. باکس*

I'd like to send this .....

من می‌خواهم این را .... بفرستم. *آید. لایک. تُو. سِند. دیس....*

by registered mail. *بای. رِجیستِرِد. مِیل* **با پست‌سفارشی.**

express

اِکسپِرِس **با پست اکسپرس، با پست سریع‌السیر.**

airmail *ایرمیل* **پست‌هوایی.**

I want .... - pence stamps.

آی. وانت. .... - پنس. اِستَمپْس **من تمبر .... پنی می‌خواهم.**

I'd like to send a parcel abroad.

من می‌خواهم یک بسته به خارج از کشور بفرستم. *آید. لایک. تُو. سِند..اِ. پارسِل. اَبرُد*

Do I have to fill in a customs declaration form?

دُو. آی. هَو. تُو. فیل. این. اِ. کاستُومز. دِکلیئِرشن. فُرم

آیا من باید فرم اظهارنامهٔ گمرک را پرکنم؟

Where can I cash an international money order?

وِر. کَن. آی. کَش. اَنْ. اینتِرنَشنال. مانی. اُردِر

کجا می‌توانم یک حوالهٔ پول بین‌المللی را نقد کنم؟

Is there any post for me?

ایز. دِر. اِنی.پُست. فُر. مي **آیا نامه یا بسته پستی دارم؟**

My name is .... *مای. نِیم. ایز....* **اسم من .... است.**

STAMPS	*اِستَمپس*	**تمبرها**
PARCELS	*پارسِلز*	**بسته‌ها**
MONEY ORDERS	*مانی. اُردِرز*	**حواله‌های پول توسط پست**
POSTE RESTANTE	*پُست. رِستِنت*	**پست ماندنی (نامه یا بسته‌ای که در پستخانه می‌ماند تا گیرنده مراجعه و آنرا دریافت کند).**

Telegrams - Telex پیام‌های تلگرافی، تلگرام‌ها - تلکس

I'd like to send a telegram / a telemessage.

من می‌خواهم یک تلگرام بفرستم. *آید. لایک. تُو. سِند. اِ تِـلِگرَم /اِ. تِلِمِسِیج*

May I have a form, please?

ممکن است لطفاً یک فرم به من بدهید؟ *مِی. آی. هَو. اِ. فُرْم. پلیز*

How much is it per word?

نرخ هر کلمه چقدر است؟ *هائو. ماچ. ایز. ایت. پِر. وُرد*

How long does a telegram to ..... take?

یک تلگرام به .... چقدر طول می‌کشد؟ *هائو. لانگ. داز. اِ. تِـلِـگرام. تُو.... تِیک*

Can I send a telex / a fax?

آیا می‌توانم یک تلکس / یک فاکس بفرستم؟ *کَن. آی. سِند. اِ. تِلِکس /اِ. فَکس*

Telephone — تلفن

Where is the telephone? *وِر. ایز. دِ. تِلِفُن* **تلفن کجاست؟**

Where is the nearest telephone booth?

نزدیکترین باجه (کیوسک) تلفن کجاست؟ *وِر. ایز. دِ. نییـرِست. تِلِفُن. بُث*

May I use your phone?

آیا ممکن است از تلفن شما استفاده کنم؟ *مِـی. آی. یُوز. یُر. فُن*

I'd like a telephone card.

من یک کارت تلفن می‌خواهم. *آید. لایک. اِ. تِلِفُن. کَرد*

Do you have a telephone directory for ....?

آیا دفتر راهنمای تلفن برای .... دارید؟ *دُو. یُو. هَو. اِ. تِـلِـفُن. دایرِکتِرِی. فُر....*

Operator — تلفنچی، اپراتور

What number is the (international) operator?

شمارهٔ تلفنچی (بین‌المللی) چند است؟ *وات. نامبر. ایز. دِ. (اینتِـرنَشنال) اُپِریتِر؟*

I'd like to make a phone call to ....

من می‌خواهم به .... تلفن کنم. *آید. لایک. تُو. مِـیک. اِ. فُن. کال. تُو....*

Iran. *ایران* **ایران.**

Germany. *جِرمَنی* **آلمان.**

TELEPHONE / تلفن

What's the dialling code?

واتس. دِ. دایالینگ. کُد — **پیش شماره (کُد) آن چند است؟**

Can you get me this number in ...., please?

کَن. یُو. گِت. می. دیس. نامبر. این.... پلیز

آیا ممکن است لطفاً این شماره را در .... برایم بگیرید؟

Hold the line, please! *هُلد. دِ. لاین. پلیز* — **گوشی را لطفاً نگه‌دارید!**

Speaking — صحبت کردن

Hello. This is .... speaking.

هِلُ. دیس. ایز.... اِسپیکینگ — **سلام. من .... هستم.**

I'd like to speak to ....

آید. لایک. تُو. اِسپیک. تُو.... — **من می‌خواهم با .... صحبت کنم.**

I'd like extension 24.

آید. لایک. اِکستِنشِن. توانی‌فُر — **داخلی ۲۴ را می‌خواهم.**

Who is speaking? *هُو. ایز. اِسپیکینگ* — **شما کی هستید؟ شما؟**

I don't understand. *آی. دُنت. آندِرستَند* — **من متوجّه نمی‌شوم (نمی‌فهمم).**

Could you speak louder / more slowly, please?

کُود. یُو. اِسپیک. لَئودِر / مُر. اِسلُلی. پلیز

آیا ممکن است لطفاً بلندتر / آهسته‌تر صحبت کنید؟

Bad luck — بدشانسی، بدبیاری

You gave me the wrong number.

یُو. گِیو. مي. دِ. رانگ. نامبِر — **شماره عوضی برایم گرفته‌اید، شماره عوضی بود.**

We have been cut off.

وی. هَو. بین. کات. آف — **ارتباط‌مان قطع شد.**

I can't get the number.

آی. کَنت. گِت. دِ. نامبِر — **آن شماره را نمی‌توانم بگیرم.**

Telephone alphabet الفبای تلفن

در جدول زیر الفبای تلفن آمده است که راهنمای هجی‌کردن حروف با راهنمای کلمه‌ای آن است و مـعمولاً در هـمه‌جا، از جـمله مسـابقات رادیـویی، تـلویزیونی، مکـاتبات اداری، هجی‌کردن نام‌ها و ... کاربرد فراوان دارد و فراگیری آن بسیار سودمند است.

A	Alfred	N	Nellie
B	Benjamin	O	Oliver
C	Charlie	P	Peter
D	David	Q	Queen
E	Edward	R	Robert
F	Frederick	S	Samuel
G	George	T	Tommy
H	Harry	U	Uncle
I	Isaac	V	Victor
J	Jack	W	William
K	King	X	X _ ray
L	London	Y	Yellow
M	Mary	Z	Zebra

Not there.　　　　　　　نات. دِر　　　　　　آنجا نیست.

When will he / she be back?

وِن. ویل. هِی / شِی. بی. بَک　　　　چه وقت او (مذکر) / (مؤنث) برمی‌گردد؟

Will you tell him / her I called?

ویل. یُو. تِل. هیم / هِر. آی. کالد　آیاممکن‌است‌به‌او (مذکر، مؤنث) بگویید که من‌زنگ‌زدم؟

My name is .....　　　　مای. نِیم. ایز....　　　اسم من .... است.

Would you ask him / her to call me?

وُد. یُو. آسک. هیم / هِر. تُو. کال. می

آیا ممکن است از او (مذکر، مؤنث) بخواهید تا به من تلفن کند؟

Would you take a message, please?

وُد. يُو. تِيك. اِ. مِسِيج. پليز ؟ آيا ممكن است پيغامى به ايشان بدهيد؟

I'll call again later.

آيل. كال. اِگِين. لِيتِر دوباره تلفن مى‌زنم.

Charges

قيمت‌ها، هزينه‌ها

What is the cost of the call?

وات. ايز. دِ. كاست. آو. دِ. كال هزينهٔ مكالمهٔ تلفنى چقدر مى‌شود؟

I'd like to pay for the call.

آيد. لايک. تُو. پى. فُر. دِ. كال مى‌خواهم هزينهٔ تلفنم را بپردازم.

There is a call for you.

دِر. ايز. اِ. كال. فُر. يُو شما تلفن داريد.

Please hold the line.

پليز. هُلد. دِ. لاين لطفاً گوشى را نگه‌داريد.

What number are you calling?

وات. نامبر. آر. يُو. كالينگ چه شماره‌اى را گرفته‌ايد؟

Just a moment, please.

جاست. اِ. مُمِنت. پليز لطفاً چند لحظه صبر كنيد.

The line is engaged.

دِ. لاين. ايز. اين گِيجِد خط اشغال است.

There is no answer.

دِر. ايز. نُ. آنسِر جواب نمى‌دهد.

He / She is out at the moment.

هِى. /شِى. ايز. آئوت. آت. دِ. مُمِنت

او (مذكر) / (مونث) در حال حاضر نيست (بيرون است).

You have got the wrong number.

يُو. هَو. گات. دِ. رانگ. نامبر شمارهٔ اشتباه گرفته‌ايد، شمارهٔ عوضى گرفته‌ايد.

This number is no longer valid.

ديس. نامبر. ايز. نُ. لانگِر. وَليد

اين شمارهٔ ديگر اعتبارى ندارد، اين شماره ديگر نيست.

فصل هفتم:

پزشک
DOCTOR

پزشک و بیمار

Doctor and Patient

سازمان خدمات درمانی رایگان [National Health Service (NHS)] در انگـلستان، کلیهٔ خدمات درمانی برای مسافرین کشورهای اتحادیهٔ اروپا (EEC) را به صورت رایگان انجام می‌دهد. البته دیده شده است که این سازمان، میزان قابل توجهی از هزینه‌های درمانی مسافرین آسیایی را نیز متقبل شده، یا تخفیف ویژه‌ای در محاسبه این هزینه‌ها منظور کرده است. برای مراجعه به پزشک، ابتدا شما باید نزد پزشک عـمومی (General practitioner) بروید و با راهنمایی‌های او اقدامات لازم بعدی را به عمل آورید.

Can you get me a doctor?

آیا ممکن است یک پزشک برایم بیاورید؟   کَن. یُو. گِت. می. اِ. داکتِر

Is there a doctor here?

آیا اینجا پزشک هست؟   ایز. دِر. اِ. داکتِر. هییِر

I need a doctor quickly.

فوراً یک پزشک نیاز دارم.   آی. نید. اِ. داکتِر. کُوئیکْلی

Where can I find a doctor who speaks Dutch / Germany?

ور.کَن. آی. فایند. اِ. داکتِر. هُوُ. اِسپیکس. داچ /جِـرمَـنی

کجا می‌توانم پزشکی که هلندی / آلمانی صحبت می‌کند، پیدا کنم؟

Where is the surgery?

ور. ایز. دِ. سارجِری

بخش جرااحی، مطب (پزشک) کجاست؟

Could the doctor come to see me here?

کُود. دِ. داکتِر. کام. تُو. سی. می. هییـر

آیا پزشک می‌تواند برای دیدن من اینجا بیاید؟

What are the surgery hours?

وات. آر. دِ. سارجِری. آورز

ساعات کار مطب چگونه است؟

What time can the doctor come?

وات. تایم.کَن. دِ. داکتِر. کام

چه وقت پزشک می‌تواند بیاید؟

Can you recommend a ....?

کَن. یُو. رِکُـمِـمِـند. اِ....

آیا ممکن است یک .... به من معرفی کنید؟

general practitioner (GP)

جِنرال. پراکتیشِنِز (جی. پی)

پزشک عمومی

children's doctor

چیلدْرِنز. داکتِر

پزشک اطفال

eye specialist

آی. اِسپِشالیست

متخصص چشم

gynaecologist

جینیکُلُجیست

پزشک زنان

neurologist

نُرُلُجیست

متخصص اعصاب

dentist

دِنتیست

دندانپزشک

Can I have an appointment ....?

کَن. آی. هَو. اَن. اَپینتْ مِنت....

آیا ممکن است یک وقت قبلی .... به من بدهید؟

immediately

ایمِـدِی اِیتِـلی

فوری

tomorrow

تُومُرُرُ

فردا

as soon as possible

از. سُوُن. اَز. پاسیبِل

هرچه زودتر

Can I wait.

کَن. آی. وِیت

آیا می‌توانم منتظر بمانم.

blood test.

بِـلاد. تِست

آزمایش خون

Parts of body — اعضای بدن

vein	وِین	سیاهرگ
arm	آرم	دست (از شانه تا مچ)، بازو
leg	لِگ	پا
breast	بِرِست	سینه، پستان
chest	چِست	قفسهٔ سینه، سینه
bone	بُن	استخوان
thigh	تای	ران
thumb	تامب	انگشت شست
genitals	جِنیتالس	اندام‌های تناسلی
face	فِیس	صورت
throat	تُرُت	گلو
hand	هَند	دست
heart	هارت	قلب
head	هِد	سر
skin	اِسکین	پوست
jaw	جَئو	فک، آرواره
knee	کینی	زانو
liver	لیوِر	کبد
lung	لانگ	ریه، شُش
stomach	اِستُمِک	معده، شکم
mouth	مائوث	دهان
neck	نِک	گردن
nose	نُز	بینی
kidney	کیدنی	کلیه
eye	آی	چشم
ear	اِر	گوش

rib	ریب	دنده
back	بَک	پشت، کمر
shoulder	شُولِدر	شانه
muscle	ماسِل	ماهیچه
toe	تُو	انگشت پا
tongue	تُنگ	زبان
finger	فینگِر	انگشت
foot	فُوت	پا
nerve	نِرو	عصب

Accident ـ Injury — تصادف ـ آسیب دیدگی

There has been an accident.

تصادف شده است. — دِر. هَز. بین. اَن. اَکسیدِنت

My child has had a fall.

فرزندم زمین خورده است. — مای. چالد. هَز.هَد.اِ.فال

He / She has hurt his / her head.

او (مذکر / مؤنث)، سرش آسیب دیده است. — هی / شی. هَز. هِرت. هیز / هِر. هِد

Is it a concussion? — ایز.ایت.اِ.کان کاژِن — آیا ضربهٔ مغزی است؟

He is / She is seriously injured.

او (مذکر / مؤنث) سخت مجروح شده است. — هی.ایز / شی.ایز سِریوس لی. اینجِرد

His / Her arm is broken.

دست او (مذکر / مؤنث) شکسته است. — هیز/ هِر. آرم. ایز. بُرُکِن

I've cut myself. — من خودم را زخمی کرده‌ام (بریده‌ام) آیو.کات.مای سِلف

I've got something in my eye.

چیزی توی چشمم رفته است. — آیو.گات.سام ثینگ. این.مای.آی

I've got... — آیو.گات — من ... دارم.

a bite / a sting. — اِ.بایت / اِ. استانگ — زخم گازگرفتگی / زخم گزیدگی.

a blister.	اِ.بیلیستِر	تاول.
a burn.	اِ.بِرن	زخم سوختگی، سوختگی.
a lump.	اِ.لامپ (لامب)	برآمدگی، ورم.

Please call an ambulance.

پلیز.کال. اَن. اَمبیلانس

لطفاً یک آمبولانس خبر کنید.

Please call the police. پلیز.کال. دِ.پُلیس

لطفاً پلیس را خبر کنید.

Have you got a first _ aid kit?

هَو.یو.گات.اِ. فِرست ـ اِید.کیت

آیا وسایل (جعبهٔ) کمکهای اوّلیه دارید؟

You were driving too fast.

یُو. وِر. دِرایوینگ. تُو. فَست

خیلی سریع رانندگی می‌کردید.

Will you act as a witness for me.

ویل.یُو.اَکت.اَز.اِ. ویتنِس. فُر.می

آیا ممکن است برایم شهادت بدهید؟ (شاهدم می‌شوید؟)

Thank you very much for your help.

ثَنک.یُو. وِری. ماچ. فُر. یُر. هِلپ

از کمک شما بسیار سپاسگزارم.

a bruise	اِ.بُرُیز	خون‌مردگی، کبودشدگی
a cut	اِ.کات	بریدگی، زخم
a sting	اِ.اِستینگ	زخم گاز گرفتگی، زخم گزیدگی
a boil	اِ.بُیل	جوش، کورک
a wound	اِ.وُند	زخم
I can't move...	آی.کَنت. مُو	من نمی‌توانم... را تکان دهم.
It hurts.	ایت.هِرتس	درد می‌کند.
Where does it hurt?	وِر.داز.ایت.هِرت	کجا درد می‌کند؟

What kind of pain is it?

وات.کایند.آو.پین.ایز.ایت

چه نوع دردی است؟

dull / sharp	دال / شارپ	خفیف / شدید

throbbing / constant

تِرابینگ /کُنستانت

زُق زُق کننده / دایمی

I'd like you to have an x_ray.

آید. لایک. یُو. تُو. هَو. اَن. اِکس. ری   بهتر است که شما یک عکس بگیرید.

It's ...   ایتس....   آن ... است.

broken / sprained.   بُرُکِن /اِسپِرین اِد   شکسته / رگ به رگ شده.

You'll have to have a plaster.

یُول. هَو. تُو. هَو. اِ. پِلاستر   شما باید آن را گچ بگیرید.

It's infected.   ایتس. این فِکتِد   عفونی‌شده‌است، عفونت‌کرده‌است.

I'll give you an antiseptic / an analgesic.

آیل. گیو. یُو. اَن. آنتی سِپتیک /اَن. آنال جِسیک

من به شما یک مادهٔ ضدعفونی کننده / داروی آرام‌بخش می‌دهم.

I'd like you to come back in ... days.

آید. لایک. یُو. تُو. کام. بک. این... دیز   ... روز دیگر هم دوباره بیایید.

Illness   بیماری

I'm not feeling well.   آیم. نات. فیلینگ. وِل   حالم خوب نیست.

I'm ill.   آیم. ایل   مریضم

I feel dizzy.   آی. فیل. دیزی   سرگیجه دارم.

I have the shivers.   آی. هَو. دِ. شیوِرز   لرز دارم، سرما سرمام میشه.

I have a temperature, Fever.

آی. هَو. اِ. تِمپِر یچِر، فِور   تب دارم.

My temperature is 38 degress.

مای. تِمپِر یچِر. ایز. تِرتی ایت. دِگریز   دمای بدنم ۳۸ درجه است.

I've been vomiting.   آیو. بین. وُومِتینگ   استفراغ می‌کنم.

I'm constipated.   آیم. کُنستیپِیتِد   یبوست دارم.

I've got diarrhoea   آیو. گات. دایاریا   اسهال دارم.

I've got....   آیو. گات....   من .... دارم.

asthma.   آستما   آسم، تنگ نفس.

palpitations.	پال.پیتیشِن	تپش قلب.
a cough.	اِ.کُف (کاف)	سرفه، سینه درد.
a sore throat.	اِ.سُر.تُرُت	گلو درد.
a stomach ache.	اِ.اِستُمِک.اِک	معده درد، دل درد
a nosebleed.	اِ.نُوزبیلید	خون دماغ.
earache.	اِراِک	گوش درد.
pregnant.	پِرِگنِینت	آبستن، باردار، حامله.
rheumatism.	رُماتیزم	روماتیسم.
backache.	بَک اِک	پشت درد، کمر درد.
a cold.	اِ.کُلد	سرماخوردگی.
sunstroke.	سان اِستُرُکَ	آفتاب‌زدگی.
I often feel sick.	آی.آفِن.فیل.سیک	من اغلب بیمار هستم.
I fell down.	آی.فِل.دائون	زمین خورده‌ام.
How do you sleep?	هائو.دُو.یُو.اِسلیپ	خوابتان چطور است؟
befor / after meals.	بی.فُر /.آفتِر.میلز	قبل از / بعد از غذا

I have difficulties breathing.

آی.هَو.دیفیکالتیِ.بِریثینگ — مشکل تنفسی دارم.

I had a heart attack .... years ago.

آی.هَد.اِ.هارت.اَتِکت ....یِرز.اِگُ — من یک حملهٔ قلبی .... سال قبل داشتم.

My blood pressure is too high / too low.

مای.بلاد.پِرِژِر.ایز.تُو.های /.تُو.لُئو — فشار خون من خیلی بالا / خیلی پایین است.

I'm allergic to....

آیم.آلِرژیک.تُو.... — من به .... حساسیت دارم.

I'm diabetic.

آیم.دایابِتیک — من بیماری قند دارم، من بیمار قندی هستم.

I'm on the pill.

آیم.آن.دِ.پیل — من قرص ضدبارداری مصرف می‌کنم.

How long have you been feeling like this?

هائو. لانگ. هَو. یُو. بین. فیلینگ. لایک. دیس

چه مدّتی است که این جوری (این طوری) هستید؟

Roll up your sleeve, please.

رُل. آپ. یُر. اِسلیو. پلیز

آستینتان را بالا بزنید.

Please undress. پلیز. آندِرِس **لطفاً لباستان را در بیاورید.**

Please lie down here. پلیز. لای. دائون. هییـر **لطفاً اینجا دراز بکشید.**

Open your mouth. اُپن. یُر. مائوث **دهانتان را باز کنید.**

Breathe deeply. بِرِت. دیپلی **نفس عمیق بکشید.**

Cough, please. کاف. پلیز **لطفاً سرفه کنید.**

You have got.... یُو هَو. گات.... **شما.... گرفته‌اید / شده‌اید / دارید.**

flu. فُلو **آنفلوآنزا.**

food poisoning. فُود. پُیژِنینگ **مسمومیت غذایی.**

gastritis. گَـس تیریتیس **ورم معده، گاستریت.**

It's not contagious.

ایتس. نات. کُنتِیجیوس

آن واگیردار (مسری) نیست.

I'll give you an injection.

آیل. گیو. یُو. اَن. اینجِکشِن

به شما یک آمپول می‌دهم.

I want a specimen of your blood / urine.

آی. وانت. اِ. اِسپِـسیمِـنت. آو. یُر. بِلاد /اُورین

من نمونه خون / ادرار شما را می‌خواهم.

You must stay in bed for .... days.

یُو. ماست. اِستِی. این. بِد. فُر. .... دِیز

شماباید برای مدّت .... روز استراحت کنید (در رختخواب بمانید).

I want you to see a specialist.

آی.وانت.یُو.تُو.سی.اِ. اِسپِشالیست **بهتر است که به یک متخصص مراجعه کنید.**

I want you to go to the hospital for a general check-up.

آی. وانت. يُو. تُو. گُ. تُو. دِ. هاسپيتال. فُر. اِ. جِنِرال. چِک ـ آپ

بهتر است که برای یک معاینهٔ پزشکی (چک آپ) کلی به بیمارستان بروید.

You'll have to an operation.

يُول. هَو. تُو. اَن. اُپِريشِن

شما باید عمل (جراحی) بکنید.

Prescription - Treatment

نسخه ـ درمان

This is my usual medicine.

دیس. ایز. مای. يُوژُول. مِدِيسين

این داروی همیشگی من است.

Can you give me a prescription for this?

کَنْ. يُو. گيو. می. اِ. پِرسکيريپِشِن. فُر. دیس

آیا می‌توانید برای این نسخه‌ای بدهید؟

Can you prescribe ....?

کَنْ. يُو. پِرسکيريپ ....

آیا ممکن است .... بنویسید؟

a tranquillizer

اِ . تِران کوئيلليزر

داروی آرام‌بخش

an anti - depressant

اَن. آنتی ـ دِپِرسانت

داروی ضدافسردگی

sleeping pills

اِسليپينگ. پيلز

قرص خواب

I'm allergic to anti - biotics / penicillin.

آیم. آلِّلِرجيک. تُو. آنتی ـ بيوتيکس ا پنی‌سيلين

من به آنتی‌بيوتيک‌ها /پنی‌سيلين حساسيت دارم

I don't want anything too strong.

آی. دُنت. وانت. اِنی‌ثينگ. تُو. استرانگ

من داروی خيلی قوی نمی‌خواهم.

How many times a day should I take it?

هائو. مِنی. تايمز. اِ. دِی. شُّوُد. آی. تِيک. ایت

چند بار در روز باید آنها را بخورم؟

What medicine are you taking?

وات. مِدِيسين. آر. يُو. تِيکينگ

چه داروهايی می‌خوريد؟

By injection or orally?

بای. اينجِکشِن. اُر. اُرالی

تزريقی يا خوراکی؟

Take a teaspoon of this medicine ....

از این دارو یک قاشق چای‌خوری .... بخورید *تِیک. اِ. تی اِسپُون. آو. دیس. مِدیسین....*

Take one pill with a glass of water ....

یک قرص با یک لیوان آب .... بخورید. *تِیک. وان. پیل. ویز. اِ. گِلَس. آو. واتِر....*

every .... hours. *اِوری .... آورز* هر .... ساعت.

.... times a day. *.... تایمز. اِ. دِی* .... بار در روز.

before / after each meal.

بی‌فُر / آفتِر ایچ. میل قبل / بعد از هر وعده غذا.

in the morning / at night.

این. دِ. مُرنینگ / اَت. نایت صبح / شب.

if there is any pain. *ایف. دِر. ایز. اِنی. پین* در موقع درد.

for .... days / weeks. *فُر .... دِیز / ویکس* برای .... روز / هفته

Visit بهای ویزیت

How much do I owe you?

هائو. ماچ. دُو. آی. اَئو. یُو چقدر باید تقدیم کنم؟ (ویزیت چقدر است؟)

May I have a receipt for my health insurance?

مِی. آی. هَو. اِ. رِسیپت. فُر. مای. هِلث. این ژِرنس

آیا ممکن است یک رسید برای بیمهٔ درمانی به من بدهید؟

Can I have a medical certificate?

ممکن است یک گواهی پزشکی به من بدهید؟ *کَن. آی. هَو. اِ. مِدیکال. سِرتی‌فیکِیشِن*

Would you fill in this health insurance form, please?

وُد. یُو. فیل. این. دیس. هِلث. این‌ژِرنس. فُرم. پلیز

لطفاً ممکن است این فرم بیمهٔ درمانی را برایم پر کنید؟

Hospital بیمارستان

Please call my family.

پلیز. کال. مای. فَمیلی لطفاً به خانواده‌ام تلفن بزنید (خبر بدهید).

What are the visiting hours?

ساعت ملاقات چه وقت است؟   وات. آر. دِ. ویزیتینگ. آورز

When can I get up?   وِن. کَن. آی. گِت. آپ   چه وقت می‌توانم بلند شوم؟

When will the doctor come?

پزشک چه وقت می‌آید؟   وِن. ویل. دِ. داکتِر. کام

I'm in pain.   آیم. این. پِین   درد دارم.

I can't eat / sleep.   آی. کَنت. ایت / اِسلیپ   من نمی‌توانم (غذا) بخورم / بخوابم.

Where is the bell?   وِر. ایز. دِ. بِل   زنگ کجاست؟

doctor / surgeon   داکتِر / سِرجِن   پزشک، دکتر / جرّاح

patient   پیشِنت   بیمار

nurse   نِرس   پرستار

injection   اینجِکشِن   تزریق، آمپول

operation   اُپِریشِن   عمل (جرّاحی)

bed   بِد   تخت‌خواب

thermometer   تِرمُمیتِر   دماسنج، حرارت‌سنج

pain _ killing   پِین ـ کیلینگ   مُسَکِن

When can I go for a walk?

چه وقت می‌توانم قدم بزنم؟ چه وقت می‌توانم راه بروم؟   وِن. کَن. آی. گُ. فُر. اِ. واک

Silence	سایلِنس	سکوت

Dentist   دندانپزشک

Can you recommend a good dentist?

آیا ممکن است یک دندانپزشک خوب معرفی کنید؟   کَن. یُو. رِکُمِند. اِ. گُود. دِنتیست

Can I make an (urgent) appointment to see Doctor Smith?

کَن. آی. مِیک. اَن. (آرجِنت). اَپُینمِنت. تُو. سی. داکتِر. اِسمیث

آیا ممکن است یک وقت قبلی (فوری) برای ملاقات دکتر اسمیت به من بدهید؟

Couldn't you make it earlier?

آیا زودتر از این امکان‌پذیر نیست؟ *کُودِنت. یُو. مِیک. ایت. اِرلیئِر*

I've got a toothache. *آیو. گات. اِ. تُوث‌اِیک* من دندان درد دارم.

I've lost a filling. *آیو. لاست. اِ. فیلینگ* پرشدگی دندانم خالی شده است.

The tooth is loose / has broken off.

دندان لق‌شده / شکسته شده است. *دِ. تُوث. ایز. لُوز / هَز. بُرُکِن. آف*

This tooth hurts. *دیس. تُوث. هِرتس* این دندان درد می‌کند.

at the top *اَت. دِ. تاپ* از بالا

at the bottom *اَت. دِ. بُتِم* از پایین

in the front *این. دِ. فِرانت* از جلو

at the back *اَت. دِ. بَک* از عقب

Is it abscess / an infection?

آیا آبسه / عفونت است؟ *ایز. ایت. آبسِز / اَن. اینفِکشِن*

Can you fix it? *کَن. یُو. فیکس. ایت* آیا می‌توانید درمانش کنید؟

I don't want it taken out.

من نمی‌خواهم آن را بکشم. *ای. دُنت. وانت. ایت. تِیکِن. آئوت*

Could you give me an anaesthetic?

آیا ممکن است داروی بی‌حسی به من بدهید؟ *کُود. یُو. گیو. می. اَن. آنااِستِتیک*

The gum.... *دِ. گام....* لثه ....

is sore. *ایز. سُر* دردناک است.

is bleeding. *ایز. بِلیدینگ* خونریزی دارد.

When will it be ready?

چه وقت حاضر می‌شود؟ *وِن. ویل. ایت. بی. رِدی*

Saying telephone numbers

36920   three six nine two o (You say it like **oh**.)
25844   two five eight double four

When you make a **telephone call**, you **pick up** the **receiver** and **dial** the number. The telephone **rings**, and the person you are telephoning **answers** it. If he/she is already using the telephone, it is **engaged**.

informal letters

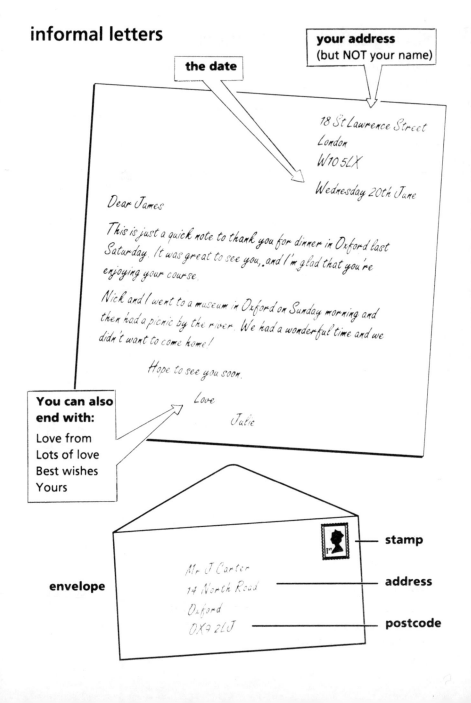

the date

your address
(but NOT your name)

18 St Lawrence Street
London
W10 5LX

Wednesday 20th June

Dear James

This is just a quick note to thank you for dinner in Oxford last Saturday. It was great to see you, and I'm glad that you're enjoying your course.

Nick and I went to a museum in Oxford on Sunday morning and then had a picnic by the river. We had a wonderful time and we didn't want to come home!

Hope to see you soon.

Love

Julie

You can also end with:
Love from
Lots of love
Best wishes
Yours

envelope

Mr J Carter
14 North Road
Oxford
OX2 2LJ

stamp

address

postcode

formal letters

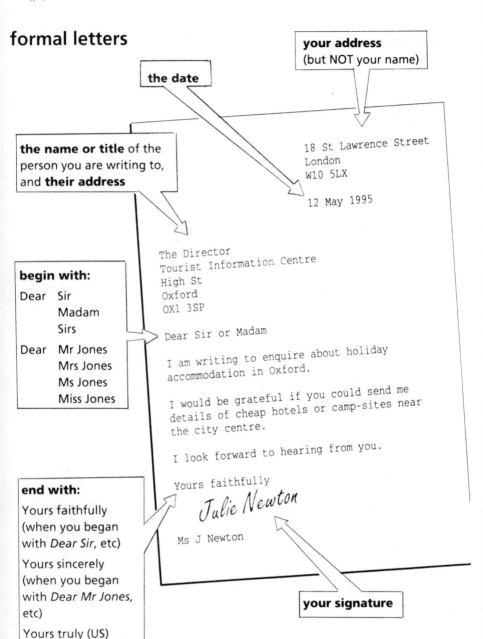

the date

your address
(but NOT your name)

the name or title of the person you are writing to, and **their address**

begin with:

Dear   Sir
         Madam
         Sirs

Dear   Mr Jones
         Mrs Jones
         Ms Jones
         Miss Jones

end with:

Yours faithfully
(when you began with *Dear Sir*, etc)

Yours sincerely
(when you began with *Dear Mr Jones*, etc)

Yours truly (US)
Sincerely yours (US)

your signature

18 St Lawrence Street
London
W10 5LX

12 May 1995

The Director
Tourist Information Centre
High St
Oxford
OX1 3SP

Dear Sir or Madam

I am writing to enquire about holiday accommodation in Oxford.

I would be grateful if you could send me details of cheap hotels or camp-sites near the city centre.

I look forward to hearing from you.

Yours faithfully

Julie Newton

Ms J Newton

Saying dates

How do you say… ?:

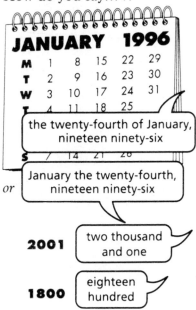

the twenty-fourth of January,
nineteen ninety-six

or January the twenty-fourth,
nineteen ninety-six

2001 two thousand and one

1800 eighteen hundred

on, in or at?

on	5 August Monday Wednesday morning my birthday
in	August 1995 (the) summer the morning/afternoon/evening
at	the beginning of June the weekend Christmas night six o'clock

Writing dates

Here are some ways of writing the date:

> 24 January
> January 24
> 24th January
> January 24th

Sometimes we just write numbers:

> 24 January 1996

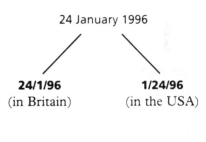

24/1/96
(in Britain)

1/24/96
(in the USA)

Months Days

Months	Days
January	Sunday
February	Monday
March	Tuesday
April	Wednesday
May	Thursday
June	Friday
July	Saturday
August	
September	
October	
November	
December	

فصل هشتم:

بخش مرجع
REFERENCE SECTION

Where do you come from?

وِر. دُوُ. یُوُ. کام. فرآم		**کجایی هستید؟ اهل کجا هستید؟**
I'm from	آیم. فِـرام....	**من اهل .... هستم.**
Belgium	بِلجیم	**بلژیک**
Canada	کَنادا	**کانادا**
China	چاینا	**چین**
Denmark	دِن‌مارک	**دانمارک**
Germany	جِرمنی	**آلمان**
Egypt	ایجِبت	**مصر**
England	اِنگلَند	**انگلستان**
Finland	فینلَند	**فنلاند**
France	فِرانس	**فرانسه**
Greece	گیریس	**یونان**

Great Britain	گرِیت. بریتِین	بریتانیای کبیر
Ireland	ایرلَند	ایرلند
Iceland	آیس لَند	ایسلند
India	ایندیا	هند
Iran	ایران	ایران
Italy	ایتالی	ایتالیا
Japan	جپِن	ژاپن
Luxembourg	لُوکسِمبُورگ	لوکزامبورگ
The Netherlands	دِ. نیدِرلاندز	هلند
New zealand	نیو. زیلَند	زلاندنو
Norway	نُروِی	نروژ
Austria	آستریا	اتریش
Portugal	پُرتُوگال	پرتغال
Scotland	اِسکُتلَند	اسکاتلند
Spain	اِسْپین	اسپانیا
Turkey	تُرکی	ترکیه
The United States of America (U.S.A)	دِ. یُونایتِد. اِسْتِیتس. آو. امیریکا	ایالات متحدهٔ آمریکا
South Africa	ساف. آفریکا	آفریقای جنوبی
Sweden	سُوئیدِن	سوئد
Switzerland	سُوئیت زِرلَند	سوئیس، سویس
Africa	اَفریکا	(قارهٔ) آفریقا
Australia	آستْرالیا	استرالیا
Asia	اِیشا	(قارهٔ) آسیا
Europe	ایرُوپ	(قارهٔ) اروپا
North America	نُرث. اَمیریکا	آمریکای شمالی
South America	ساف. اَمیریکا	آمریکای جنوبی

Numbers			اعداد
0	zero / "0"	زیرُ / اُ (در هنگام گفتن تلفنها)	صفر
1	one	وان	یک
2	two	تُو	دو
3	three	ثیری (تیریِ)	سه
4	four	فُر	چهار
5	five	فایو	پنج
6	six	سیکس	شش
7	seven	سِوِن	هفت
8	eight	اِیت	هشت
9	nine	ناین	نه
10	ten	تِن	ده
11	eleven	ایلِوِن	یازده
12	twelve	تُوِالو	دوازده
13	thirteen	تِرتین (ثِرتین)	سیزده
14	fourteen	فُرتین	چهارده
15	fifteen	فیفتین	پانزده
16	sixteen	سیکس‌تین	شانزده
17	seventeen	سِوِن‌تین	هفده
18	eighteen	اِی تین	هیجده
19	nineteen	ناین تین	نوزده
20	twenty	تُوان‌تیِ	بیست
21	twenty-one	تُوان‌تیِ ـ وان	بیست و یک
22	twenty-two	تُوان‌تیِ ـ تُو	بیست و دو
23	twenty-three	تُوان‌تیِ ـ تیری	بیست و سه
24	twenty-four	تُوان‌تیِ ـ فُر	بیست و چهار
25	twenty-five	تُوان‌تیِ ـ فایو	بیست و پنج
26	twenty-six	تُوان‌تیِ ـ سیکس	بیست و شش

27	twenty-seven	تُوان‌تیِ - سِوِن	بیست و هفت
28	twenty-eight	تُوان‌تیِ - اِیت	بیست و هشت
29	twenty-nine	تُوان‌تیِ - ناین	بیست و نه
30	thirty	تِرتیِ (ثِرتی)	سی
31	thirty-one	تِرتیِ - وان	سی و یک
32	thirty-two	تِرتیِ - تُو	سی و دو
33	thirty-three	تِرتیِ - تِری	سی و سه
40	forty	فُرتی	چهل
41	forty-one	فُرتی - وان	چهل و یک
42	forty-two	فُرتی - تُو	چهل و دو
43	forty-three	فُرتی - تِری	چهل و سه
50	fifty	فیفتیِ	پنجاه
51	fifty-one	فیفتیِ - وان	پنجاه و یک
52	fifty-two	فیفتیِ - تُو	پنجاه و دو
53	fifty-three	فیفتیِ - تِری	پنجاه و سه
60	sixty	سیکستیِ	شصت
61	sixty-one	سیکستیِ - وان	شصت و یک
62	sixty-two	سیکستیِ - تُو	شصت و دو
70	seventy	سِوِن‌تی	هفتاد
71	seventy-one	سِوِن‌تی - وان	هفتاد و یک
72	seventy-two	سِوِن‌تی - تُو	هفتاد و دو
80	eighty	اِی تیِ	هشتاد
81	eighty-one	اِی تیِ - وان	هشتاد و یک
82	eighty-two	اِی تیِ - تُو	هشتاد و دو
90	ninety	ناین‌تیِ	نود
91	ninety-one	ناین‌تیِ - وان	نود و یک
92	ninety-two	ناین‌تیِ - تُو	نود و دو
100	a hundred	اِ. هاندرِد	صد

101	a hundred and one	اِ. هاندرِد. اَند. وان	صد و یک
102	a hundred and two	اِ. هاندرِد. اَند. تُو	صد و دو
103	a hundred and three	اِ. هاندرِد. اَند. تِرِي	صد و سه
110	a hundred and ten	اِ. هاندرِد. اَند. تِن	صد و ده
120	a hundred and twenty	اِ. هاندرِد. اَند. تُوانتی	صد و بیست
130	a hundred and thirty	اِ. هاندرِد. اَند. تِرتی	صد و سی
140	a hundred and forty	اِ. هاندرِد. اَند. فُرتی	صد و چهل
150	a hundred and fifty	اِ. هاندرِد. اَند. فیفتی	صد و پنجاه
160	a hundred and sixty	اِ. هاندرِد. اَند. سیکستی	صد و شصت
170	a hundred and seventy	اِ.هاندرِد.اَند.سِوِن تی	صد و هفتاد
180	a hundred and eighty	اِ. هاندرِد. اَند. اِی تی	صد و هشتاد
190	a hundred and ninety	اِ. هاندرِد. اَند. ناین تی	صد و نود
200	two hundred	تُو. هاندرِد	دویست
300	three hundred	تِری. هاندرِد	سیصد
400	four hundred	فُر. هاندرِد	چهارصد
500	five hundred	فایو. هاندرِد	پانصد
600	six hundred	سیکس. هاندرِد	ششصد
700	seven hundred	سِوِن. هاندرِد	هفتصد
800	eight hundred	اِیت. هاندرِد	هشتصد
900	nine hundred	فاین. هاندرِد	نهصد
1,000	one thousand	وان. تائوزِند	هزار
1,100	one thousand one hundred		هزار و صد
1,200	one thousand two hundred		هزار و دویست
1,300	one thousand three hundred		هزار و سیصد
2,000	two thousand	تُو. تائوزِند	دوهزار
5,000	five thousand	فایو. تائوزِندر	پنجهزار
10,000	ten thousand	تِن. تائوزِند	ده هزار
50,000	fifty thousand	فیفتی. تائوزِند	پنجاه هزار

100,000	one hundred thousand	صد هزار
1,000,000	one million	یک میلیون وان. میلیئون
1,000,000,000	one milliard / billion	

یک میلیارد، یک بیلیون   وان. میلیارد / بیلیون

اعداد ترتیبی

first	(1st)	فِرست	اوّل، اوّلین
second	(2nd)	سِکِند	دوّم، دوّمین
third	(3rd)	تِرد (ثِرد)	سوّم، سوّمین
forth	(4th)	فُرث	چهارم، چهارمین
fifth	(5th)	فیفث	پنجم، پنجمین
sixth	(6th)	سیکس	ششم، ششمین
seventh	(7th)	سِونث	هفتم، هفتمین
eighth	(8th)	اِیث	هشتم، هشتمین
ninth	(9th)	ناینث	نهم، نهمین
tenth	(10th)	تِنث	دهم، دهمین
once		وانس	یکبار
twice		تُوایس	دوبار
three times		تِری. تایمز	سه بار

اعداد کسری و متفرقه

half	هالف	نصف، نیم
one third	وان. ثِرد	یک‌سوم
a quarter	اِ. کُوارتِر	یک‌چهارم
a dozen	اِ. دُزِن	یک دو جین (دوازده عدد)
a pair (of)	اِ. پِیر. (آو)	یک جفت
per cent	پِر. سِنت	پورسانت، درصد
3.4% (per cent)	تِری. پُینت. فُر. پِر. سِنت	٪۳/۴ (درصد)

Year and age		سن و سال
year	یِر	سال
leap year	لیپ. یِر	سال کبیسه
decade	دیکِـید	دهه
century	سِنچْريِ	قرن
this year	دیس. یِر	امسال
last year	لَست. یِر	پارسال، سال قبل
next year	نِکست. یِر	سال آینده
every year	اِوريِ. یِر	هر سال
2 years ago	تُئو. یِرز. اِ. گُ	۲ سال قبل
in one year	این. وان. یِر	در (طی) یکسال
in the eighties	این. دِ. اِیتیز	در دههٔ هشتاد (۸۰ تا ۸۹)
the 16th century	دِ. سیکستینث. سِنچْريِ	قرن شانزدهم

in the 20th century

این. دِ. تُئوِاِن تیث. سِنچْريِ — **در قرن بیستم**

1981	nineteen eighty-one	۱۹۸۱
1992	nineteen ninty-two	۱۹۹۲
2003	two thousand and three	۲۰۰۳

How old are you?	هائو. اُلد. آر. یو	چند سال دارید؟
I'm 30 years old.	آیم. تِرتيِ. یِرز. اُلد	من سی سال دارم

He / She was born in 1960

هيِ / شيِ. واز. بُرن. این. ناین‌تین‌سیکستيِ

او (مذکر / مؤنث) در سال ۱۹۶۰ متولد شد (شده است).

Children under 16 are not admitted.

ورود بچّه‌های کمتر از ۱۶ سال ممنوع است. *چیلدْرِن. آندر. سیکستین. آر. نات. اَدمیتْتِد*

Seasons		فصل‌ها
spring	اِسپرینگ	بهار

summer	سامْمِر	تابستان
autumn	آتئوُم	پاییز
winter	وینتِر	زمستان
in spring	این. اِسپرینگ	در بهار
in summer	این. سامْمِـر	در تابستان

Months		ماه‌ها
January	جَنْ‌اُواری	ژانویه
February	فِبْرُواری	فوریه
March	مارچ	مارس
April	اِپریل	آوریل
May	مِی	مه
June	جُوُن	ژوئن
July	جُوُلای	ژوئیه
August	اُگِست	اوت
September	سِپتِمبِر	سپتامبر
October	اُکتُـبِر	اکتبر
November	نُوِمبِر	نوامبر
December	دیسِمبِر	دسامبر
in September	این. سِپتِمبِر	در سپتامبر
since October	سینس. اُکتُـبِر	از اکتبر
the begining of January	دِ. بیگینینگ. اُو. جَنْ‌اُواری	آغاز ژانویه، اوایل ژانویه
the middle of February	دِ. میدِل. اُو. فِبْرُواری	اواسط فوریه
the end of March	دی. اِند. اُو. مارچ	آخر (اواخر) مارس
this month	دیس. مانث	این ماه
last month	لَست. مانث	ماه قبل

next month	نِکست. مانث	ماه آینده

Days and Date روزها و تاریخ

What day is it today?		
	وات. دِی. ایز. ایت. تُودِی	امروز چه روزی است؟
Sunday	سان‌دِی	یکشنبه
Monday	مان‌دِی	دوشنبه
Tuesday	تیُوزدِی	سه‌شنبه
Wednesday	وِنزدِی	چهارشنبه
Thursday	تِـرزدِی	پنجشنبه
Friday	فِرای دِی	جمعه
Saturday	ساتِردِی	شنبه
What's the date today?		
	واتس. دِ. دِیت. تُودِی	امروز چندم است؟
It's July 1.	ایتس. فِرست. جُوُلای	اول ژوئیه است
It's March 10.	ایتس. تِنث. مارچ	دهم مارس است
We are leaving on May 5.		
	وی. آر. لیوینگ. آن. فیفث. مِـی	ما پنجم مه حرکت می‌کنیم.
in the morning	این. دِ. مُرنینگ	در صبح
at noon	اَت. نُون	در ظهر
during the day	دیُورینگ. دِ. دِی	در طول روز
in the afternoon	این. دِ. آفتِرنُون	در بعدازظهر
in the evening	این. دِ. ایوینینگ	در عصر، در شب
at night	اَت. نایت	در شب
at midnight	اَت. میدنایت	در نصف شب، در نیمه شب
the day before yesterday		
	دِ. دِی. بی‌فُر. یِستِـردِی	پریروز
yesterday	یِستِردِی	دیروز

today	تُودِی	امروز
tomorrow	تُومُرُز	فردا
the day after tomorrow	دِ. دِی. آفتر. تُومُرُز	پس فردا
2 days ago	تُو. دِیز. اِگُ	۲ روز قبل
in 3 day's time	این. تِری. دِیز. تایم	در مدت ۳ روز
last week	لَست. ویک	هفتهٔ قبل
next week	نِکست. ویک	هفته آینده
during the week	دیُورینگ. دِ. ویک	در طول هفته
during the weekend	دیُورینگ. دِ. ویک‌اِند	در طول تعطیلات آخر هفته
(public) holiday	(پابلیک) هالیدِی	تعطیل (عمومی)
holidays	هالیدِیز	تعطیلات
birthday	برث‌دِی	روز تولّد
day off	دِی. آف	روز تعطیل
working day	وُرکینگ. دِی	روزِکاری، روزِکار

Greetings and Wishes — تبریکات و آرزوها

Merry Christmas!	مِرِي. کیریستمَس	کریسمس مبارک!
Happy New Year!	هَپي. نیُو. یِر	سال نو مبارک!
Happy Easter!	هَپي. ایستِر	عید پاک مبارک!
Happy birthday!	هَپي. برث‌دِی	تولدت مبارک!
Congratulation!	کُنگِریچُولِیشِن	تبریک!
Good luck!	گُود. لاک	موفق باشید!
Have a good journey!	هَو. اِ. گُود. جِرنی	سفر خوش بگذرد!
I wish you	آی. ویش. یُو....	آرزوی .... برایتان دارم (می‌کنم).
Best regards	بِست. ریگاردز	با صمیمانه‌ترین درودها، با بهترین سلام‌ها
from / to	فرام / تُو....	از / به ....
Have fun!	هَو. فان	خوش بگذرد!

Public holidays — تعطیلات عمومی

Name of public holidays	England & Wales & Europe	Scotland
نام تعطیلات عمومی	انگلستان، ویلز، اروپا	اسکاتلند
New Year's Day	1 January	1 and 2 January
St. David's Day	1 March (فقط در ویلز)	–
Spring Bank Holiday (May Day)	اولین دوشنبه ماه مارس The first monday of March	اولین دوشنبه ماه مارس The first monday of March
Spring Bank Holiday	آخرین دوشنبه ماه مارس The last monday of March	آخرین دوشنبه ماه مارس The last monday of March
Christmas Day	25 December	25 December
Boxing Day	26 December	26 December
Good Friday	جمعه قبل از عید پاک	جمعه قبل از عید پاک
Easter Monday	یکشنبه‌ای در مارس یا آوریل (روز عروج مسیح، عید پاک)	یکشنبه‌ای در مارس یا آوریل (روز عروج مسیح، عید پاک)

What time is it? — ساعت چند است؟

Excuse me. Could you tell me the time?

ببخشید، ممکن است بفرمایید ساعت چند است؟ *اِکسکیوز. می. کُود. یُو. تِل. مي. دِ. تایم*

It's .... *ایتس....* **ساعت .... است.**

five past one. *فایو. پَست. وان* **یک و پنج دقیقه.**

ten past two. *تِن. پَست. تُو* **دو و ده دقیقه.**

a quarter past three. *اِ. کُوارتِر. پَست. تری* **سه و ربع.**

چهار و بیست دقیقه.	تُوُانتی. پَست. فُر	twenty past four.
پنج و بیست و پنج دقیقه.	تُوُانتی. فایو. پَست. فایو	twenty - five past five.
شش و نیم.	هالف. پَست. سیکس	half past six.
بیست و پنج دقیقه به هفت.	تُوُانتی. فایو. تُو. سِوِن	twenty - five to seven.
بیست دقیقه به هشت.	تُوُانتی. تُو. اِیت	twenty to eight.
یک ربع به نه.	اِ. کُوُارتِر. تُو. ناین	a quarter to nine.
ده دقیقه به ده.	تِن. تُو. تِن	ten to ten.
پنج دقیقه به یازده.	فایو. تُو. اِیلِوِن	five to eleven.
ساعتِ دوازده.	تُوِالو. اُکلاک	twelve o'clock.
(ظهر / شب).	(نُون / میدنایت)	(noon / midnight).
قطار ساعت .... حرکت می‌کند.	دِ. تِرین. لیوز. اَت....	The train leaves at ....
شش و چهل دقیقه قبل از ظهر	سیکس. پُینت. فُرتی. اِی. اِم	6.40 a.m.
یک و چهار دقیقه بعد از ظهر	وان. پُینت. فُر. پی. اِم	1.04 p.m.
در ۵ دقیقه.	این. فایو. مینِتس	in five minutes.
در یک ربع ساعت.	این. اِ. کوارتِر. آو. اَن. آوِر	in a quarter of an hour.
نیم ساعت قبل.	هالف. اَن. آوِر. اِگُّ	half an hour ago.
حدود ۲ ساعت.	اِبائوت. تُو. آوِرز	about two hours.
بیشتر از ۱۰ دقیقه.	مُر. دَن. تِن. مینِتز	more than 10 minutes.
کمتر از ۳۰ ثانیه.	لِس. دَن. ترتی. سِکِندز	less than 30 seconds.
ساعت جلو / عقب است.	دِ. کِلُک. ایز. فَست /اِسلُ	The clock is fast / slow.
از اینکه دیر آمدم متأسفم، ببخشید که دیر کردم.	آیم. ساری. تُو. بی. لِیت	I'm sorry to be late.
زود / دیر	اِرلی. اِلیت	early / late.
سر وقت، بموقع	آن. تایم	on time

Abbreviations — اختصارات

در این بخش مهم‌ترین علایم اختصاری برای آشنایی شما ذکر می‌گردد.

AA	Automobile Association	باشگاه اتومبیل‌رانی (انگلستان)
A.D.	Anno. Domini	بعد از میلاد مسیح، میلادی
a.m.	ante meridiem	قبل از ظهر
BBC	British Broadcasting Corporation	بی بی سی، بنگاه سخن پراکنی بریتانیا
B.C	Before Christ	قبل از میلاد مسیح، پیش از میلاد
BR	British Rail	راه‌آهن بریتانیا (انگلستان)
Brit.	Britain; British	بریتانیا (انگلستان)؛ بریتانیایی (انگلیسی)
CID	Criminal Investigation Department	سی آی دی (بخش تحقیقات جنایی در انگلستان)
c / o	(in) care of	بوسیلهٔ، توسطِ
Co	company	شرکت
dept	department	قسمت، بخش، سازمان
EC	European community	جامعهٔ اروپا (بازار مشترک)
e.g.	for example	برای مثال
excl	excluding; exclusive	بدون، بجز، به غیر از؛ اختصاصی
F	Fahrenheit	فارنهایت
ft.	foot / feet	فوت؛ پا
HE	His / Her Excellency	جناب آقایِ، سرکار علیه خانمِ
hp	horsepower	اسب بخار
i.e.	id est; that is to say	یعنی
Ltd	limited	با مسئولیت محدود
M.D.	Doctor Of Medicine	دکترِ طب
MP	Member Of Parliament	نمایندهٔ مجلس (پارلمان)
mph	miles per hour	مایل در ساعت

Mr. / Mrs.	Mister / Missis	آقایِ / خانمِ
Ms.	Mrs. / Miss	خانمِ، دوشیزه
p.	page / penny / pence	صفحه / پنی / جمع پنی
p.m.	post meridiem	بعد از ظهر
POB / PO Box	post office (box)	صندوق پستی
P.T.O.	please turn over	لطفاً ورق بزنید
RAC	Royal Automobile Club	باشگاه اتومبیل‌رانی سلطنتی
Rd.	road	خیابان
ref.	reference	عطف، شمارهٔ عطف
Soc.	society	جامعه، انجمن
St.	Saint / Street	سِنت / خیابان
UK	United Kingdom	پادشاهی بریتانیا
V.A.T	value added tax	مالیات بر ارزش افزوده

Signs and Notices — تابلوها و اعلانات

Beware of the dog	بِوَر. آو. دِ. داگ	مراقب سگ باشید
Cash desk	کَش. دِسک	صندوق
Caution	کِیشِن	احتیاط
Closed	کِلُزد	تعطیل (بسته)
Cold	کُلد	سرد
Danger	دَنجِر	خطر
Danger of death	دَنجِر. آو. دِث	خطر مرگ
No U - Turn	نُ. یُو. تِرن	دور زدن ممنوع
No waiting	نُ. وِیتینگ	توقف ممنوع
One - way street	وان. وِی. اِستریت	خیابان یک‌طرفه
Do not block entrance	دُو. نات. بُلک. اِنتِرنس	در ورودی را نبندید، راه ورود را نبندید

Do not touch	دُو. نات. تاچ	**دست نزنید**
Down	دائون	**زیر (پایین)**
Emergency exit	اِمرجِنسی. اِگزیت	**در خروجی اضطراری**
Enter without knocking	اِنتِر. ویزائوت. کُنکینگ	**بدون در زدن (زنگ زدن) وارد شوید**
Entrance	اِنتْـرنس	**ورود، در، راه ورود**
Exit	اِگزیت	**خروج، در خروجی**
For hire	فُر. هایِـر	**برای اجاره یا کرایه، اجاره یا کرایه داده می‌شود**
For sale	فُر. سِـیل	**برای فروش**
.... forbidden	.... فُربیدِن	**.... ممنوع**
Free admittance	فیری. اَدمیتْنِس	**ورود آزاد است**
Gentlemen	جِنتِلمِن	**آقایان**
Hot	هات	**گرم، دست اوّل**
Information	اینفُرمِیشِن	**اطّلاعات**
Ladies	لِـیدیز	**خانم‌ها**
No admittance	نُ. اَدمیتْنِس	**ورود ممنوع**
No littering	نُ. لیتْرینگ	**ریختن زباله ممنوع**
No smoking	نُ. اِسمُکینگ	**استعمال دخانیات ممنوع**
No vacancies	نُ. وِیکِـینسیز	**جای خالی نداریم**
Occupied	اُکُوپید	**اِشغال، اِشغال شده**
Open	اُپِن	**باز**
Out of order	آئوت. آو. اُردِر	**خراب است، کار نمی‌کند**
Please ring	پلیز. رینگ	**لطفاً زنگ بزنید**
Please wait	پلیز. وِیت	**لطفاً صبر کنید**
Private	پرایوِ ت	**خصوصی، اختصاصی**
Private road	پرایوِت. رُد	**جادهٔ اختصاصی**

Pull	پُول	بکشید
Push	پُوش	فشار بدهید، هُل بدهید
Reserved	رِزِرود	رزرو شده است
Sold out	سُلد. آئوت	تمام شده
To let	تُو. لِت	اجاره می‌دهیم
Up	آپ	بالا
Wet paint	وِت. پِینت	تازه رنگ شده است (رنگی نشوید)

Emergency وضع اضطراری

تلفن رایگان ۹۹۹ بیست و چهار ساعته برای سرویس‌دهی در امور آتش‌نشانی، پلیس و آمبولانس در خدمت شهروندان و اشخاص مقیم در انگلستان است.

Embassy	اِمْبِسی	سفارت
FIRE	فایِر	آتش‌سوزی، آتش
Gas	گَس	گاز
Go away	گُ. اِوِی	بروید، ترک کنید
DANGER	دَنجِر	خطر
Get help quickly	گِت. هِلپ. کُوئیک‌لی	سریعاً کمک بیاورید (خبر کنید)
STOP	استاپ	ایست
HELP	هِلپ	کمک
Stop thief	استاپ. تیف	دزد را بگیرید
I'm lost	آیم. لاست	من گم شده‌ام
I'm ill	آیم. ایل	من مریض هستم
leave me alone	لیو. مي. اَلئون	مرا تنها بگذارید
LOOK OUT	لُوک. آئوت	مراقب باشید
POLICE	پُـلیس	پلیس
Call the police	کال. دِ. پُـلیس	پلیس را خبر کنید
Call the doctor	کال. دِ. داکتِر	پزشک را خبر کنید

Hurry up	هاری. آپ	**عجله کنید، بجنبید**
Poison	پُیشِن (پُژِن)	**سَم**
Quick	کُوئیک	**سریع، فوری**
Careful	کِرفُول	**مواظب**
Ambulance	اَمبیلانس	**آمبولانس**

Lost property - Theft — اشیای گم شده ـ سرقت، دزدی

Where is the lost property office / the police station?

وِر. ایز. دِ. لاست. پُرُپرتی. اُفیس / دِ. پلیس. اِستِیشِن

دفتر اشیای گم شده / کلانتری کجاست؟

I'd like to report a theft.

آید. لایک. تُو. ریپُرت. اِ. تِفت — **می‌خواهم یک سرقت (دزدی) را گزارش کنم.**

.... has been stolen.	.... هَز. بین. اِستُلِن	**.... سرقت (دزدی) شده است.**
I've lost	آیو. لاست	**من .... را گم کرده‌ام.**
my money.	مای. مانی	**پولم.**
my handbag.	مای. هَندبگ	**کیفم.**
my passport.	مای. پَس‌پُرت	**گذرنامه‌ام، پاسپورتم.**
my wallet.	مای. وَلِت	**کیف بغلیم.**
my keys.	مای. کیز	**کلیدهایم.**

Measures Table

جدول مقیاسات

12 inches (in.) = 1 foot (ft).

3 feet = 1 yard (yd).

۱۲ اینچ = ۱ فوت

۳ فوت = ۱ یارد

جدول محاسبات واحد طول

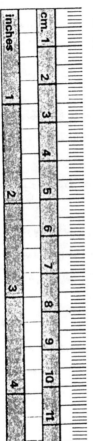

	mm	cm	m
1 in.	25.4	2.54	0,025
1 ft.	304,8	30,48	0,304
1 yd.	914,4	91,44	0,914

32 m = 35 yd.

	inches (in.)	feet (ft.)	yards (yd.)
1 mm	0,039	0,003	0,001
1 cm	0,39	0,03	0,01
1 dm	3,94	0,32	0,10
1 m	39,40	3,28	1,09

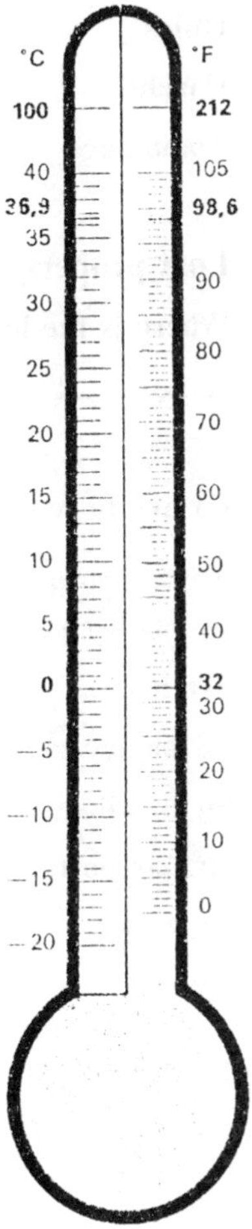

°C		°F
100		212
40		105
36,9		98,6
35		
30		90
		80
25		
20		70
15		60
10		50
5		40
0		32
		30
—5		20
—10		10
—15		0
—20		

جدول محاسبات مایل به کیلومتر										
۱ مایل = ۱٫۶۰۹ کیلومتر										
مایل	۱۰	۲۰	۳۰	۴۰	۵۰	۶۰	۷۰	۸۰	۹۰	۱۰۰
کیلومتر	۱۶	۳۲	۴۸	۶۴	۸۰	۹۶	۱۱۲	۱۲۸	۱۴۴	۱۶۰

جدول محاسبات کیلومتر به مایل													
۱ کیلومتر = ۰٫۶۲ مایل													
کیلومتر	۱۰	۲۰	۳۰	۴۰	۵۰	۶۰	۷۰	۸۰	۹۰	۱۰۰	۱۱۰	۱۲۰	۱۳۰
مایل	۶	۱۲	۱۸	۲۴	۳۰	۳۶	۴۲	۴۸	۵۴	۶۰	۶۶	۷۲	۷۸

جدول محاسبات اوزان	
oz = an ounce	1 oz = 28,35 g
Ib = a pound	$\frac{1}{4}$ Ib ≃ در حدود 113 g
1 kg = 2,2 Ib	$\frac{1}{2}$ Ib ≃ در حدود 224 g
100 g = 3,5 oz	1 Ib ≃ در حدود 254 g

جدول محاسبات مایعات			
1 pint = 0,57 l		2 pints = 1 quart	
1 quart = 1,14 l		4 quarts = 1 gallon	
1 gallon = 4,55 l		8 pints = 1 gallon	
Litre(Liter)	Gallon	Gallon	Litre(Liter)
1	0,22	1	4,55
5	1,1	2	9,10
10	2,2	3	13,65
20	4,4	4	18,20
30	6,6	5	22,75
50	11	10	45,50

baseball
bicycling
hockey
karate
skating
aerobics
weight lifting
skiing
basketball
swimming
soccer
golf
football
tennis
bowling
jogging

فصل نهم:

دستور زبان (گرامر) انگلیسی
ENGLISH GRAMMAR

نگاهی کوتاه به دستور زبان (گرامر) انگلیسی
حرف تعریف معین THE

در زبان انگلیسی اگر بخواهیم اسمی را معرفه کنیم حرف تعریف معین THE را قبل از آن می‌آوریم. وقتی که حرف تعریف THE پیش از اسم بیاید، یعنی آن اسم برای گوینده و شنونده شناخته شده است. مثل:

THE ROOM , THE ROOMS

حروف تعریف نامعیّن AN , A

هرگاه حروف تعریف نامعیّن قبل از اسم بیاید، نشان می‌دهد که آن اسم برای شنونده شناخته شده نیست. مثل:

A COAT , A BOOK

برای کلماتی که با حرف صدادار شروع می‌شود و یا کلماتی که حرف بی‌صدای اول آنها خوانده نمی‌شود ولی حرف دوم آنها با صداست از حرف تعریف AN استفاده می‌شود. مثل:

AN HOUR , AN UMBRELLA , AN HONEST MAN

جمع و مفرد

در زبان انگلیسی اسم‌ها به یک صورت جمع بسته نمی‌شوند و برای جمع بستن آن‌ها راه‌های گوناگونی وجود دارد که به صورت کلی در زیر بیان می‌شود:

۱) اکثر اسم‌ها با اضافه کردن حرف (S) به آخر آنها جمع بسته می‌شوند. مثل:

cup - cups

boy - boys

۲) اسم‌هایی که به حروف (O-Z-C-S-SH-CH) ختم می‌شوند برای جمع بستن، به آخر آنها (ES) اضافه می‌شود.

bench   benches

dress   dresses

potato   potatoes

۳) کلماتی که به Y ختم می‌شوند (Y) به (I) تبدیل و سپس es به آنها اضافه می‌شود:

city   cities

۴) جمع‌های بی‌قاعده مانند:

child   children

ox   oxen

۵) بعضی از اسم‌ها با تغییر حرف و یا حروف صدادارشان جمع بسته می‌شوند:

man   men

woman   women

foot   feet

ضمایر فاعلی

ضمایر فاعلی نهاد جمله هستند و کنندهٔ کار را هم نشان می‌دهند. این ضمایر عبارتند از:

ما	We	من	I
شما	You	شما (تو)	You
		او (مذکر)	He
آنها، ایشان	They	او (مؤنث)	She
		آن (خنثی)	It

He is my friend.   I go to school.

ضمایر مفعولی

ضمایر مفعولی نشان می‌دهند که کار فاعل بر روی آنها انجام شده است. مفعول به صورت اسم هم در جمله ظاهر می‌شود. این ضمایر عبارتند از:

Me	مرا، به من	Us	ما را، به ما
You	ترا، به تو	You	شما را، به شما
Him (مذکر)	او را، به او		
Her (مؤنث)	او را، به او	Them	آنها را، به آنها
It (خنثی)	آن را		

صفات ملکی

صفات ملکی، مالکیت را می‌رسانند و در جمله همیشه قبل از اسم می‌آیند و از نظر دستورزبان صفت و موصوف هستند این صفات عبارتند از:

My	ـِ من	Our	ـِ ما
Your	ـِ تو	Your	ـِ شما
His - Her	ـِ او	Their	ـِ آنها، ـِ ایشان
Its	ـِ آن		

This is my key.

Where is my apple.

ضمایر ملکی

ضمایر ملکی نیز مالکیت را می‌رسانند و در جمله به جای اسم می‌نشینند و از تکرار اسم جلوگیری می‌کنند. این ضمایر عبارتند از:

Mine	مالِ من	Ours	مالِ ما
Yours	مالِ تو	Yours	مالِ شما
His (مذکر)	مالِ او		
Her (مؤنث)	مالِ او	Theirs	مالِ آنها
Its (خنثی)			

That's not mine.   This key is mine.

صفات

کلماتی هستند که برای بیان خصوصیات اسم به‌کار گرفته می‌شوند مانند:

A large brown suitcase

برای ساختن صفات برتر یا تفضیلی به آخر صفات er و برای ساختن صفت عـالی یـا برترین est اضافه می‌شود:

small   smaller   smallest

وقتی که صفت به y ختم می‌شود، y به i تبدیل و سپس er یا est اضافه می‌شود.

pretty   زیبا   prettier   زیباتر   prettiest   زیباترین

برای صفات چندهجایی و یا صفاتی که به Ful یا Less ختم می‌شوند از کلمات more و most قبل از صفت استفاده می‌شود.

carful	دقیق	expensive	گران
more carful	دقیق‌تر	more expensive	گران‌تر
most carful	دقیق‌ترین	most expensive	گران‌ترین

بعضی از صفات شکل خود را از دست می‌دهند و به کلمهٔ دیگری تبدیل می‌شوند، از آن جمله‌اند:

صفت مطلق		صفت برتر		صفت برترین	
good	خوب	better	بهتر	best	بهترین
bad	بد	worse	بدتر	worst	بدترین
little	کم	less	کمتر	least	کمترین
much / many	خیلی	more	بیشتر	most	بیشترین

افعال و زمانها

فعل، کلمه یا عبارتی است که عمل، رویداد و یا حالتی را نشـان مـی‌دهد. مـانند bring آوردن، happen رخ دادن و exist وجود داشتن ـ و هر شکلی را که فعل برای نشان دادن زمان عمل و یا حالت بیان شده بخود می‌گیرد زمان می‌نامند که در ایـنجا بـطور خلاصه، سه زمان حال ساده، گذشتهٔ ساده و آینده شرح داده می‌شود. نخست به افعال کمکی یا معین می‌پردازیم.

افعال کمکی یا معین

افعال کمکی، افعالی هسـتند کـه بـرای سـاختن زمـانهای مـختلف مـورد اسـتفاده قـرار می‌گیرند. البته بیشتر این افعال به تنهایی هم دارای معنی و مفهوم بوده و در جـملات انگلیسی کاربرد زیادی دارند. تعداد آنها ۲۴ فعل است که عبارتند از:

am , is , are , was , were , have , has , had , do , does , did , can , could , shall , should , will , would , may , might , must , ought to , used to , need , dare .

توجه: به علت اهمیت زیاد فعل کمکی to be و to have آنها را در جدول زیر صـرف می‌کنیم و حفظ کردن و فراگیری آن را توصیه می‌کنیم.

صرف فعل کمکی to be

to be	شکل کوتاه شده	شکل منفی	شکل سؤالی
I am	I'm	I'm not	Am I
You are	You're	You're not	Are you
He is	He's	He's not	Is he
She is	She's	She's not	Is she
It is	It's	It's not	Is it
We are	We're	We're not	Are we
You are	You're	You're not	Are you
They are	They're	They're not	Are they

صرف فعل کمکی to have

To have	شکل کوتاه شده	شکل منفی	شکل سؤالی
I have	I've	I haven't	Have I ?
You have	You've	You haven't	Have you ?
He has	He's	He hasn't	Has he ?
She has	She's	She hasn't	Has she ?
It has	It's	It hasn't	Has it ?
We have	We've	We haven't	Have we ?
You have	You've	You haven't	Have you ?
They have	They've	They haven't	Have they ?

زمان حال ساده

زمان حال ساده برای بیان حقایق مسلم و اعمالی که برحَسَب عادت و بطور روزمره انجام می‌شود و یا اعمالی که نیروی اراده در انجام آنها دخالتی ندارد، بکار برده می‌شود.

طرز ساختن زمان حال ساده:

نخست علامت مصدری (To) را حذف می‌کنیم: To go ⟶ go و سپس به ترتیب زیر این زمان ساخته می‌شود:

مصدر بدون to + ضمیر فاعلی : زمان حال ساده

شایان ذکر است که فعل سوم شخص مفرد در زمان حال ساده s می‌گیرد و اگر حرف آخر فعل به یکی از حروف (o - z - x - s - ch - sh) ختم شود به جای s، es اضافه می‌شود.

مثل: He washes , She kisses

I go.	من می‌روم.	We go.	ما می‌رویم.
You go.	تو می‌روی.	You go.	شما می‌روید.
He/She/It goes.	او می‌رود.	They go.	آنها می‌روند.

طرز سؤالی کردن زمان حال ساده:

برای سؤالی کردن حال ساده از فعل کمکی Do و برای سوم شخص مفرد از Does

استفاده می‌کنیم.

Do I go?	آیا من می‌روم؟	Do we go?	آیا ما می‌رویم؟
Do you go?	آیا تو می‌روی؟	Do you go?	آیا شما می‌روید؟
Does he/she/it go?	آیا او می‌رود؟	Do they go?	آیا آنها می‌روند؟

برای منفی کردن این زمان از فعل کمکی Do و Does و قید NOT استفاده می‌کنیم

I don't go.	من نمی‌روم.	We don't go.	ما نمی‌رویم.
You don't go.	تو نمی‌روی.	You don't go.	شما نمی‌روید.
He/She/It doesn't go.	اونمی‌رود.	They don't go.	آنها نمی‌روند.

زمان گذشتهٔ ساده

زمان گذشته ساده برای بیان حالت یا عملی که در زمان معینی از گذشته انجام گرفته است کاربرد دارد.

طرز ساختن گذشتهٔ ساده:

نخست علامت مصدری (TO) را حذف می‌کنیم: To learn ⟶ learn و سپس به ترتیب زیر این زمان ساخته می‌شود:

صرف فعل در زمان گذشته + ضمیر فاعلی : زمان گذشتهٔ ساده

افعال به دو دسته تقسیم می‌شوند افعال با قاعده و بی‌قاعده. افعال با قاعده افعالی هستند که زمان گذشته و اسم مفعول آنها با افزودن ED یا D و یا T به آخر مصدر ساخته می‌شود مانند: walked, liked, learned

I learned	من یاد گرفتم	We learned	ما یاد گرفتیم
You learned	تو یاد گرفتی	You learned	شما یاد گرفتید
He She learned It	او یاد گرفت	They learned	آنها یاد گرفتند

افعال بی‌قاعده افعالی هستند که زمان گذشته و اسم مفعول آنها معمولاً با تغییر یا ادغام حروف صدادار آنها ساخته می‌شود. مانند:

حال	گذشته	اسم مفعول
⟶ go	⟶ went	⟶ gone
⟶ be	⟶ was	⟶ been

I went	من رفتم	We went	ما رفتیم
You went	تو رفتی	You went	شما رفتید
He She went It	او رفت	They went	آنها رفتند

طرز سؤالی کردن زمان گذشتهٔ ساده:

برای سؤالی کردن این زمان از گذشتهٔ فعل کمکی DO یعنی DID استفاده می‌کنیم و فعل اصلی را به زمان حال برمی‌گردانیم.

Did I learn ?	آیا من یاد گرفتم؟	Did we learn ?	آیا ما یاد گرفتیم؟
Did you learn ?	آیا تو یاد گرفتی؟	Did you learn ?	آیا شما یاد گرفتید؟
Did he/she/it learn?	آیااویادگرفت؟	Did they learn ?	آیا آنها یاد گرفتند؟

طرز منفی کردن زمان گذشتهٔ ساده:

برای منفی کردن زمان گذشتهٔ ساده قید NOT را بعد از گذشتهٔ فعل کمکی DO یعنی DID قرار می‌دهیم.

I didn't learn	من یاد نگرفتم	We didn't learn	ما یاد نگرفتیم
You didn't learn	تو یاد نگرفتی	You didn't learn	شما یاد نگرفتید
He/She/It didn't learn	او یادنگرفت	They didn't learn	آنها یاد نگرفتند

زمان آیندهٔ ساده

زمان آیندهٔ ساده برای بیان عملی که در زمان معین یا نامعینی از آینده انجام خواهد گرفت کاربرد دارد.

طرز ساختن زمان آیندهٔ ساده:

نخست علامت مصدری (TO) را حذف می‌کنیم: Learn ⟵ To learn و سپس به ترتیب زیر این زمان ساخته می‌شود:

مصدر بدون To + will + ضمیر فاعلی: زمان آیندهٔ ساده

Will learn

I will learn	من یاد خواهم گرفت	We will learn	ما یاد خواهیم گرفت

شما یاد خواهید گرفت You will learn	تو یاد خواهی گرفت You will learn
آنها یاد خواهند گرفت They will learn	او یاد خواهد گرفت He,she,It will learn

طرز سؤالی کردن زمان آیندهٔ ساده:

برای سؤالی کردن این زمان فعل کمکی WILL را در اول جـمله و قـبل از فـاعل قـرار می‌دهیم.

Will I learn?	آیا من یاد خواهم گرفت؟
Will you learn?	آیا تو یاد خواهی گرفت؟
Will he / she / it learn?	آیا او یاد خواهد گرفت؟
Will we learn?	آیا ما یاد خواهیم گرفت؟
Will you learn?	آیا شما یاد خواهید گرفت؟
Will they learn?	آیا آنها یاد خواهند گرفت؟

طرز منفی کردن زمان آیندهٔ ساده:

برای منفی کردن این زمان از فعل کمکی WILL و قید NOT استفاده می‌کنیم.

I will not learn	من یاد نخواهم گرفت
You will not learn	تو یاد نخواهی گرفت
He/She/It will not learn	او یاد نخواهد گرفت
We will not learn	ما یاد نخواهیم گرفت
You will not learn	شما یاد نخواهید گرفت
They will not learn	آنها یاد نخواهند گرفت

Detached house

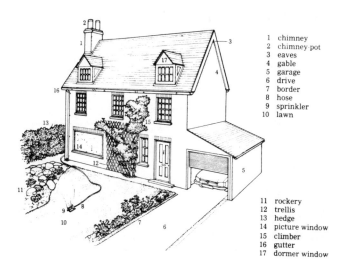

1	chimney
2	chimney-pot
3	eaves
4	gable
5	garage
6	drive
7	border
8	hose
9	sprinkler
10	lawn

11	rockery
12	trellis
13	hedge
14	picture window
15	climber
16	gutter
17	dormer window

Bungalow

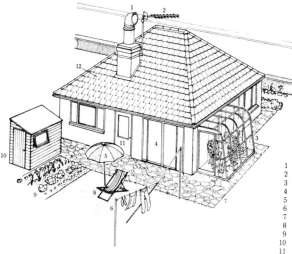

1	cowl
2	aerial
3	conservatory
4	French window
5	parasol
6	clothes-line
7	crazy paving
8	deck-chair
9	vegetable garden
10	garden shed
11	back door
12	tiles

فصل دهم:

واژه‌نامه
DICTIONARY

A

abacus	چرتکه
abbé	پدر روحانی
abbess	مادر روحانی
abbreviation	اختصار
ABC	الفبا
abdication	کناره‌گیری
a.m.	قبل از ظهر
ability	لیاقت، استعداد، توانایی
able	قادر، توانا
be able to	قادر بودن، توانستن
about	دربارهٔ، در حدود
above	بالا، بالایِ
abroad	خارج، خارج از کشور
absent	غایب
absolve	بخشیدن، عفو کردن
abuse	سوءاستفاده
academy	فرهنگستان، آکادمی، دانشکده
accent	لهجه، تلفظ
accept	قبول کردن، پذیرفتن
access	دسترسی، دستیابی
ache	درد، درد کردن
acrid	تند، تلخ
across	از این طرف به آن طرف،از عرض
act	عمل کردن، کار، عمل
action	کار، عمل
actor	بازیگر، هنرپیشه

add	**افزودن، جمع کردن**
adder	**افعی**
addict	**آدم معتاد، معتاد**
admiral	**دریا سالار**
admire	**تحسین کردن**
advance	**پیشرفت، پیش رفتن**
adventure	**ماجرا، حادثه**
advert	**آگهی**
advice	**نصیحت، پند**
affable	**مهربان، بامحبت**
afraid	**ترسیده**
after	**بعد از، بعد**
afternoon	**بعداز ظهر، عصر**
again	**دوباره**
against	**برعلیه، علیه، در برابر**
age	**سن، سال**
aged	**پیر، سالخورده**
agent	**نماینده، کارگزار**
agnail	**میخچه**
agree	**موافقت کردن**
ah	**آه، وای، آخ**
aid	**یاری کردن، کمک کردن**
ail	**آزار رساندن، ناخوش بودن**
aim	**هدف، قصد**
air	**هوا**
all	**همه**
allow	**اجازه دادن**
almost	**تقریباً**
alone	**تنها**
alpinist	**کوهنورد**
also	**هم، همچنین، نیز**
altar	**محراب**
alter	**تغییر دادن، تنگ یا گشاد کردن (برای لباس)**
always	**همیشه**
ambit	**حوزه**
ambulance	**آمبولانس**
amen	**آمین**
among	**میانِ، بینِ**
amount	**جمع، کل، مبلغ، مبالغ**
ampere	**آمپر**
and	**وَ**
angel	**فرشته**
angry	**عصبانی، خشمگین**
animal	**حیوان، جانور**
annoy	**اذیت کردن، آزار دادن**
annual	**سالیانه، سالانه**
as	**مثلِ، مانندِ، به عنوانِ**
ask	**پرسیدن، سؤال کردن**
auto	**اتومبیل**
avenue	**خیابان، راه**
avoid	**دوری کردن**
awake	**بیدار شدن**
away	**دور، دور از، بیرون از**
azotic	**دارای ازت**
azure	**لاجوردی، نیلی**

B

babble	ورّاجی کردن
baby	بچه، کودک
bachelor	مجرّد، مرد مجرّد
back	پشت
backstage	پشت پرده
bad	بد
bag	کیف، ساک
baggage	بار، اثاثیه
bake	پختن
baker	نانوا
bald	طاس، بی‌مو
bank	بانک
bargain	چانه زدن
barge	کَرَجی، دوبه
barley	جو
barrier	سد، حصار
bath	حمام
be	بودن، شدن
beat	ضربان قلب
because	زیرا، چون
beckon	اشاره کردن
become	شدن، به ... آمدن
bed	تخت خواب، رختخواب
bedroom	اتاق خواب
before	قبل از
begin	شروع شدن، شروع کردن
begone	دور شو، برو
bell	زنگ
bellboy	پیشخدمت (هتل)، باربر
below	پایین، در زیر
best	بهترین
beside	کنارِ، در کنارِ
bet	شرطبندی کردن
betide	روی دادن
better	بهتر
beyond	آن سویِ، آن طرفِ
bicycle	دوچرخه
bike	دوچرخه، موتورسیکلت
big	بزرگ، گنده
bill	نوک، منقار
bird	پرنده
bis	دوباره
bit	تکه، ذرّه
box	جعبه
boy	پسر
brand	مارک، علامت تجارتی
brunt	فشار، سنگینی
brush	برس
burp	آروغ زدن
busy	مشغول، مشغول کردن
butter	کره مالیدن روی، کره
buy	خریدن
by	از راه، به وسیلهٔ، در
by day	در روز / شبانه‌روز

C

cabin کابین، جایگاه
cable کابل، تلگراف یا تلگرام
café کافه، کافه رستوران
call صدازدن، تلفن
camera دوربین
camp اردو، اردوگاه، چادر
cap کلاه، در، سرپوش
car اتومبیل
card کارت ویزیت، کارت، ورق بازی
careful مواظب
careless بی‌احتیاط، بی‌دقّت
castle قلعه، قصر
cautious محتاط
cemetery گورستان
certainly البتّه، مسلماً
chain زنجیر
channel تنگه، مجرا، شبکه یا کانال (برای تلویزیون)
chapel عبادتگاه، نمازخانه
chatter ورّاجی، جیغ و ویغ
cinema سینما
circumstances شرایط، اوضاع، چگونگی
claim ادعا، مطالبه
clever باهوش
clock ساعت
clothing لباس، پوشاک
coach اتوبوس بین شهری، مربی
collection مجموعه، کلسیون
come out ظاهر شدن، پیدا شدن
compare مقایسه، مقایسه کردن
compass قطب‌نما، پرگار
complaint شکایت
concert کنسرت
conductor مدیر، رهبر، کمک‌راننده
congratulate تبریک گفتن
connect متصل کردن، وصل شدن
consider بررسی کردن
consist of تشکیل شدن از
consult مشورت کردن
corner گوشه، پیچ
couple زوج، جفت، زن و شوهر
court دادگاه
crash سقوط، سانحه
crime جُرم
crowd جمعیّت
current جاری، رایج
curtain پرده
curve پیچ، خط منحنی
cushion کوسن، بالش کوچک
custom رسم، سنت
customer مشتری، خریدار
customhouse ادارهٔ گمرک، گمرک
customs ادارهٔ گمرک، گمرک
customs duties عوارض گمرکی
customs officer مأمور گمرک
cut بریدگی، برش، بریدن

D

daily	روزانه
dame	بانو، خانم
dance	رقص
dank	نمناک، مرطوب
dark	تاریک
date	تاریخ، خرما
dawn	سپیده‌دم، آغاز
daybook	دفتر روزنامه (در حسابداری)
deal	معامله، رفتارکردن، زیاد
deck	عرشه، طبقه (برای اتوبوس)
deepen	گودتر کردن
defect	نقص، عیب
delightful	لذت بخش
demand	تقاضاکردن، درخواست
deny	تکذیب کردن
departure	حرکت، عزیمت
describe	شرح دادن
desk	میز تحریر، میز کار
despair	ناامید شدن، ناامیدی
destiny	سرنوشت
dialect	لهجه، گویش
different	متفاوت
difficult	مشکل، دشوار
dine	ناهار یا شام خوردن
dire	ترسناک، وحشتناک
direct	مستقیم
direction	جهت، سمت
directions	دستورعمل
dirt	چرکی، کثافت
dirty	چرک، کثیف
disagreeable	ناخوشایند، نامطبوع
discount	تخفیف، تخفیف دادن
discovery	اکتشاف، اکتشافات
disease	ناخوشی، بیماری
dish	در بشقاب ریختن، بشقاب
dispute	نزاع، کشمکش
distant	دور، دور دست
distinct	مجزا، جدا، مشخص
do	انجام دادن
doctrine	اعتقاد
door	در، درگاه
draught	جریان هوا، باد
draw	برداشت کردن (از حساب بانکی)، صادر کردن (برای چک)
dray	چهار چرخهٔ بارکش
dream	خواب دیدن، رؤیا، خواب
dress	لباس، پیراهن زنانه
drink	نوشابه،مشروب،نوشیدن،خوردن
drive	رانندگی، راندن، رانندگی کردن
drolley	خیمه‌شب بازی
drop	قطره، چکه، چکیدن، چکاندن
dull	خفیف (برای درد)، تسکین دادن
dune	تپهٔ شنی
duple	دولایی، دوبل
duration	مدّت، در مدّت، طی
dusky	تاریک، کم‌نور، تیره

E

each هر، هریک، هر کدام
eagle عقاب
ear گوش
earful یک مشت بد و بیراه
earlier زودتر
earn درآمد داشتن، سود دادن
earth زمین، خاک
east مشرق، شرق
eastern شرقی
eatable خوردنی، خوراکی
edit ویرایش
effect اثر، تأثیر، باعث شدن
egg تخم مرغ
elect انتخاب کردن
elevator آسانسور، بالابر
elsewhere جای دیگر
embark سوار (کشتی یا هواپیما) شدن
embassy سفارت خانه، سفارت
employer کارفرما
empty خالی
endanger به خطر انداختن
enjoy لذت بردن، خوش آمدن از
enough کافی، به اندازهٔ کافی
enrage عصبانی کردن
enter وارد شدن
entire تمام، همه
entrant داوطلب، شرکت کننده
enviable دلخواه، موردپسند
environment محیط، محیط زیست
equivalent معادل
estate ملک، دارایی
estrange دور کردن، دلسرد کردن
even حتی
evening شب، عصر
event واقعه، رویداد
eventful پرحادثه
ever همیشه، هیچگاه
every هر، همهٔ
evict بیرون کردن (از خانه یا زمین)
evil شیطانی، بد، بدی
ewer مشربه
examine امتحان کردن
example مثال
excellent عالی، درجهٔ یک
except بجز، غیر از
exception استثنا
excitable تحریک‌پذیر، هیجانی
experience تجربه، تجربه کردن
experimental آزمایشی
explanation توضیح
export صادرات
express سریع‌السیر، پست یا قطار سریع‌السیر
expressly با صراحت، صریحاً
extra فوق‌العاده

F

face	صورت، رو
fact	واقعیت، حقیقت
factor	عامل
factory	کارخانه
faith	اعتقاد، ایمان
fall	افتادن، زمین‌خوردن، سقوط، پاییز
false	دروغ
family	خانواده
famous	مشهور
faraway	دور، دوردست
fare	کرایه، غذا
farer	مسافر
farmer	کشاورز
farther	دورتر
fast	تند، جلو
fat	فربه، چاق، چرب، پیه، روغن
father	پدر
favour	طرفداری کردن، محبت کردن
fear	ترسیدن
feel	احساس کردن، لمس کردن
feeling	احساس، حس
fence	نرده، حصار، نرده کشیدن
fever	تب
few	اندکی، کمی
fiancé	نامزد (برای مرد)
fiancée	نامزد (برای زن)
fiat	حکم، فرمان
fib	دروغ، چاخان

fill	پرکردن
fill up	بنزین زدن
filter	صافی، فیلتر، صاف کردن، تصفیه کردن
final	نهایی، آخرین، مسابقهٔ نهایی یا فینال
finally	سرانجام، بالاخره
finder	یابنده، ... یاب
finish	تمام کردن
fire	آتش زدن
fireplace	بخاری دیواری، شومینه
first	اوّلین، اوّل
fish	ماهی گرفتن، ماهی
fist	مشت
fit	اندازه، اندازه بودن، پُرو کردن
flash	فلاش (در عکاسی)، برق زدن
floor	کف، کف اتاق
flow	روان شدن، جاری شدن
fly	پروازکردن، مگس، زیپ (برای شلوار)
fog	مه
follower	پیرو، طرفدار
fond	علاقه‌مند، شیفته
freedom	آزادی
fresh	تازه، خنک
frisky	شاد و خرم، سرزنده
fun	تفریح، شادی، شوخی
fur	خز، پوست
furnish	مبلمان کردن، اثاثیه‌دار کردن

G

gab وراجی کردن، وراجی
gadfly خرمگس
gain بدست آوردن، سود بردن، سود، نفع
gallery گالری، نگارخانه
gate دروازه، در
gaze خیره شدن، زُل زدن
genuine اصل، خالص
germ میکروب، اصل، سرآغاز
get گرفتن، پیدا کردن، خریدن، رساندن
gibber دست و پا شکسته حرف زدن
gift هدیه
glass شیشه، لیوان، آینه یا آئینه
glassman شیشه فروش
go رفتن، حرکت کردن
go in تو رفتن، داخل رفتن
go on از جلو رفتن
go out بیرون رفتن
go to دادن، اهدا کردن
go up ساخته شدن، بالا رفتن
goal گل یا دروازه (در فوتبال)، هدف
golden طلایی
goldfish ماهی طلایی یا قرمز
goner رفتنی، مردنی
good خوب، خوشایند
goodly قشنگ، جذاب
goods کالا، کالاها
goodwill حُسن نیت، خوش نیتی

grab ربودن، گرفتن
grand عالی، باشکوه
grandchild نوه
grant بخشیدن، دادن
grape انگور
gratis رایگان
gratuity انعام
great بزرگ
green سبز
greengrocer سبزی فروش
greengrocer's سبزی فروشی
greengrocery سبزی فروشی
green onion پیازچه
greet سلام کردن، خوشامد گفتن
grey خاکستری
grill کباب کردن، بریان کردن، کباب‌پز
ground زمین، به‌گل نشستن (برای کشتی)
group گروه، گروه‌بندی کردن
grow رشد کردن
grump آدم بداخلاق یا بدخلق
grumpy بداخلاق، بدخلق
guarantee ضمانت، ضمانت کردن
guarantor ضامن
guess حدس زدن
guest میهمان یا مهمان
guide راهنما، کتاب راهنما
guilt تقصیر، گناه

H

haberdasher	خرازی فروش	head	سر
haberdashery	خرازی فروشی	headache	سردرد
habit	عادت	headdress	روسری، دستمال سر
hair	مو	headlight	چراغ جلو (برای اتومبیل)
hairbrush	برس سر	headline	عنوان یا تیتر(برای روزنامه)
hairless	بی‌مو، طاس	headlines	اهمِ اخبار، خلاصهٔ اخبار
hairy	پرمو	health	تندرستی
hammer	چکش	healthy	سالم، تندرست
hammerlock	دست‌بند مجرمین	hear	شنیدن
hand	دست، عقربه	heartache	غم، اندوه
hand book	کتاب راهنما	heartbreak	غم زیاد
handle	دسته، دستگیره	heart attack	حملهٔ قلبی
hand over	تحویل دادن	heat	حرارت، گرما
hang	آویزان کردن، دار زدن	heir	وارث
hapless	بدشانس، بیچاره	helper	کمک کننده، یاور
happy	خوشحال	herb	گیاه، علف
hard	سخت، سفت	hill	تپه
hard cash	پول نقد	himself	خودش، خودش را
hardly	به سختی، به زحمت	hook	قلاب
harm	آسیب رساندن، آسیب	hooligan	لات
harmful	مضر، خطرناک	hoot	بوق زدن، قهقهه زدن
harmless	بی‌ضرر، بی‌خطر	hope	امید، آرزو
harmonize	هم آهنگ کردن	hopeful	امیدوار
harmony	هماهنگی	hopeless	ناامید
harvest	درو کردن	horse	اسب
hat	کلاه	hotfoot	سراسیمه رفتن، با عجله رفتن
hateful	نفرت‌انگیز، زشت	hot	داغ، گرم، دست اوّل (برای خبر)
hay fever	تب یونجه	hotly	باحرارت، پرشور

I

ice یخ، بستنی
icebag کیسهٔ یخ
ice - cold خیلی سرد، مثل یخ
idea فکر، تصوّر
ideal کمال مطلوب، دلخواه
identify شناختن، شناسایی کردن
identity card کارت شناسایی
if اگر
ill بیمار، مریض
illicit غیرقانونی
illuminated تذهیب کاری شده
import وارد کردن
important مهم
imports واردات
impose بستن، مالیات بستن
impound ضبط کردن
impression جای مُهر، نقش
improper نامناسب
improve اصلاح کردن، بهتر کردن
impudent گستاخ، بی‌حیا
in در، توی
inaction بی حرکتی، سستی
incident واقعه، رویداد
included شامل، از جمله
incontrollable غیرقابل کنترل
increase افزودن، اضافه کردن، افزایش
incredible باور نکردنی
indecent زشت، ناشایست
indeed به راستی، راستی
indicate نشان دادن
indolent سُست، تنبل
indoor داخلی، سالنی یا داخل سالن (برای ورزش)
inedible غیرقابل خوردن
industry صنعت
inept نالایق، بی عرضه، نابجا
inexact نادرست، نادقیق
inexpert غیرمتخصص، بی تجربه
inflammable آتش‌زا
inflate باد کردن
instep روی پا
instead of به جایِ
insufficient ناکافی
insult توهین کردن
insure بیمه کردن
insured, the بیمه‌گزار
insurer بیمه‌گر
intelligence هوش
interment به خاک سپاری
interminable طولانی، پایان ناپذیر
international بین‌المللی
interview مصاحبه کردن
invalid بی‌اعتبار
inventor مخترع
iron آهن، اتو
item قلم، فقره

J

jack	جک اتومبیل
jackal	شغال
jackboot	چکمهٔ ساقه بلند
jacket	ژاکت، کت
jam	مربا
japer	فریبکار
jeans	شلوار
jell	ماسیدن، سفت شدن
jet	هواپیمای جت، جت
joker	شوخ، بذلهگو
journey	مسافرت
journeyman	کارگر ماهر
joy	شادی کردن، شادی
joyful	شاد
judge	قضاوت کردن، قاضی، داور
judgement	قضاوت، داوری
juggler	تردست، شعبدهباز
jump	پریدن، پرش
jumper	پلوور
jump seat	صندلیتاشو(برایاتومبیل)
just	دقیقاً، فقط
justice	عدالت
justifiable	قابل قبول
justification	توجیه
justify	توجیه کردن، تبرئه کردن
jut	بیرون زدن، پیش رفتگی داشتن
juvenile	نوجوان

K

kaput	خراب
keelboat	قایق تفریحی
keep	نگهداشتن، نگهداری کردن
keeper	نگهبان
keepsake	هدیه، یادگاری
kettle	کتری
key	کلید
keyboard	صفحه کلید
keyway	سوراخ کلید
kick	لگد زدن، لگد
kid	دست انداختن، سر به سر گذاشتن
kill	کُشتن
killer	قاتل
kilogram	کیلوگرم
kin	قوم و خویش
kind	مهربان
kiss	بوسه
kitchen	آشپزخانه
knee	زانو
knife	چاقو، کارد
knit	بافتن
knock	زدن، در زدن
knot	گره زدن، گره
know	دانستن
knowing	آگاه، زیرک
knowledgeable	آگاه، زیرک
kohlrabi	کلم قمری

L

label	برچسب
labour, labor	کار، کارگر
lace	بند
lack	فاقد بودن، نداشتن
laden	پُر، انباشته
lady	خانم، بانو
ladyship	سرکار خانم
lake	دریاچه
lament	اظهار تأسف کردن، سوگواری کردن
lamentable	اسفناک، تأسف‌بار
landing	فرود (برای هواپیما)
language	زبان
large	بزرگ
last	آخرین
lasting	بادوام
lately	تازگی، اخیراً
laud	ستایش کردن
laudable	قابل ستایش
laugh	خنده
laundry	لباسشویی، مغازهٔ لباسشویی
lawful	قانونی، مجاز
lawless	بی‌قانون، غیرقانونی
lawyer	وکیل، مشاور حقوقی
laze	تنبلی کردن
lazy	تنبل
lead	راهنمایی کردن، راهنمایی
leaf	ورق (برای کاغذ و فلزات)، برگ (برای گیاه)
leaflet	بروشور، اعلامیه
lean	تکیه دادن، خم شدن
least	کمترین
leather	چرم، چرمی
leave	ترک کردن، رفتن
leave for	عازم ... شدن
lessee	مستأجر
level	سطح
lifeless	بی‌روح، ملالت‌بار
lighter	فندک
linen	لباس زیر
lip	لب، لبه
listless	بی‌حال، بی‌میل
litre	لیتر
little	کوچک
live	زندگی کردن
livelihood	وسیلهٔ امرار معاش، معاش
livelong	همهٔ
lively	سرزنده، بانشاط
long	دراز، طولانی
long - playing record	صفحهٔ سی و سه دور
look	نگاه کردن، نگریستن
loser	بازنده
lovely	زیبا، دوست داشتنی، دلپذیر
lowbrow	آدم بی‌فرهنگ
luck	بخت، شانس
lunch	ناهار

M

mad	دیوانه
madam	خانم
maddening	دیوانه کننده
made	ساخته شده، ساختِ
magazine	مجله
magic	جادویی
mail	پُست، محمولهٔ پستی
mailbag	کیسهٔ محمولهٔ پستی، کیف پستچی
main	عمده، اصلی
make	ساختن، درست کردن
malaria	بیماری مالاریا
male	مذکر، نر، مرد، پسر
malodor	بوی زننده
man	مرد
manhandle	بدرفتاری کردن
map	نقشه
mark	علامت
marker	علامت‌گذار، علامت
married	متأهل
marriage	ازدواج
marry	ازداوج کردن
marvel	چیز شگفت‌انگیز، معجزه
mass	توده، جِرم، عدهٔ زیادی
master	آقا، ارباب، رئیس، معلم، آقا معلم
masterly	استادانه
match	مسابقه، کبریت
matchbox	قوطی کبریت، کبریت
matter	موضوع، مهّم بودن
mature	بالغ شدن، بالغ
maybe	شاید
mayor	شهردار
me	مرا، به من
mealtime	وقت صرف غذا
mean	میانگین، معدل، معنی دادن
measure	اندازه گرفتن، مقیاس
meat	گوشت
meatman	قصاب
meet	ملاقات‌کردن، دیدار (برای ورزش)
meeting	جلسه
mellow	رسیده
melon	خربزه
member	عضو
mist	مه، غبار
mistake	اشتباه، اشتباه کردن
mix	مخلوط، مخلوط کردن
model	مدل، نمونه
modish	بابِ روز، شیک
moment	لحظه، آن
money	پول
mother	مادر
motive	انگیزه
mouth	دهان
move	حرکت، حرکت دادن
much	خیلی، زیاد
mud	گِل‌آلود کردن، گِل
museum	موزه
must	باید
my	ـِ من، ـَ م

N

nail	میخ
name	نام، اسم
nameless	بی‌نام
nanny	پرستار بچه، لله
nap	چرت زدن، چرت
napkin	دستمال سفره
native	بومی، محلّی
nasty	بد، زننده
nature	طبیعت
nausea	تهوع، دل بهم خوردگی
near	نزدیک
nearly	تقریباً
neat	تمیز، مرتب
necessary	لازم
neck	گردن
need	نیاز، احتیاج، نیاز داشتن
needless	غیرضروری
neglect	غفلت کردن
neighbour	همسایه
neighbourhood	مجاورت، همسایگی
nephew	پسر برادر، پسر خواهر
nerve	عصب
neutral	خنثی، خلاص (برای دندهٔ اتومبیل)
never	هرگز
news	خبر، اخبار
next	بعدی، بعد
nib	نوک قلم
nice	زیبا، قشنگ، عالی
night	شب

night - long	تمام شب، شبانه
nightly	شبانه، هر شب
nightmare	کابوس
nil	هیچ
no	نه، خیر
nobody	هیچکس
noise	سر و صدا
noisy	پر سروصدا
noon	ظهر
nor	وَ نه
north	شمال
nothing	هیچی، هیچ چیز
notice	آگهی
notion	تصوّر، عقیده
nought	صفر، هیچ
novel	داستان بلند، رمان
novelty	تازگی
now	حالا
nowadays	امروزه
nowhere	هیچ کجا
nude	برهنه
number	شماره گذاشتن، عدد، رقم
number - plate	پلاک یا نمره (برای اتومبیل)
numeration	شمارش
numerous	زیاد، متعدد
nun	راهبه
nurse	پرستار
nursery school	کودکستان
nut	گردو، فندق، پسته

O

oar	پارو زدن، پارو
obey	اطاعت کردن
obituary	آگهی درگذشت
oblation	خیرات، نذر
oblige	مجبور کردن
obliterate	محو کردن
obscene	زشت، هرزه
observation	مشاهده، مراقبت
observe	مشاهده کردن، رعایت کردن
observer	مشاهده کننده، ناظر
obsession	وسواس فکری
obstetrician	ماما
obstetrics	مامایی
obtain	بدست آوردن، گرفتن
occupied	اشغال، اشغال شده
occur	رخ دادن
occurrence	واقعه، رویداد
odd	اتفاقی، فرد (برای عدد)، عجیب
odium	نفرت
of	ـِ ، از
off	دور، خاموش
offend	تخلف کردن
offer	پیشنهاد
office	دفتر، اداره
office boy	پیشخدمت، پادو
official	رسمی
often	اغلب
oil	روغن، نفت
oil paint	رنگ روغنی
old	پیر، سالخورده، سال، ساله
on	رویِ، روشن
onion	پیاز
only	تنها، فقط
open	باز
open air	رو باز، در هوای آزاد
opener	دربازکن
open house	پذیرای میهمان، خانهٔ باز
opera	اُپرا
operator	تلفنچی، اپراتور
opinion	عقیده، دیدگاه
opposite	روبرو
or	یا
orchard	باغ میوه
orchestra	ارکستر
order	دستور دادن، نظم، ترتیب
orderly	منظّم، مرتّب
ordinary	معمولی
organ	اندام، عضو، ابزار
original	اصل، اوّلیه
other	دیگر، دیگری
otherwhere	جای دیگر
otherworld	جهان دیگر
ought to	باید
our	ـِ ما
oust	برکنار کردن
out	بیرون، خارج
outside	بیرون، خارج
outskirts	اطراف، حومه
outward	بیرونی، خارجی
over	بالایِ، رویِ، تماماً، بطورکلی

P

pack بستن، بسته‌بندی کردن، بسته
package بسته‌بندی، بسته‌بندی کردن، بستن
packer بسته بند
packet بسته، پاکت (برای سیگار)
page صفحه
pail سطل
paint رنگ زدن، نقاشی کردن، رنگ
painter نقّاش
painting نقّاشی
pale رنگ پریده
pallor رنگ پریدگی
palpable محسوس، ملموس
pane شیشهٔ پنجره
parcel بسته، امانت پستی
park پارک، باغ ملی، پارک کردن
parson کشیش، کشیش محلّه
part قسمت
partake شرکت کردن، شریک شدن
pass عبور کردن، گذشتن
past گذشته، دوران گذشته
path راه
pathfinder راه‌یاب
patience بردباری
pavement پیاده‌رو
pawn گرو گذاشتن
pay پرداختن
payment پرداخت
pay phone تلفن سکه‌ای، تلفن همگانی
payroll لیست حقوق
peace صلح، آشتی
peaceable آرام
peak نوک، قله، اوج
pedal پدال، پنجهٔ رکاب (برای دوچرخه)
pedestrian عابر پیاده
phone تلفن زدن، زنگ زدن، تلفن
pick انتخاب کردن، چیدن (برای میوه و گل)
pick out برگزیدن، جدا کردن
picture عکس، تصویر، فیلم‌سینمایی
piece تکه، قطعه، مهره (در شطرنج)
pier اسکله، پایهٔ پل
pillow بالش، سر روی بالش گذاردن
pimple کورک، جوش
pin سنجاق
pipe چپق، پیپ، لوله
pity ترحم، دلسوزی
placard پلاکارد، شعار نوشته
position جا، موقعیت
possessor مالک، صاحب
possibility امکان
possible ممکن، شدنی

post	پست، صندوق پست، پست کردن
postage	هزینهٔ پست
postage stamp	تمبر، تمبر پست
postcard	کارت پستال
poster	پوستر
problem	مسئله، مشکل
produce	محصول، فرآورده
profit	بهره بردن، سودبردن، سود، بهره
province	استان، ایالت
push	هل، فشار، هل دادن، فشار دادن
puzzle	پازل (اسباب بازی)

Q

qualified	واجد شرایط
qualitative	کیفی
quality	کیفیت
quantify	با عدد نشان دادن
quantity	مقدار، کمیّت
quarantine	قرنطینه
quarrel	نزاع، دعوا
quarrelsome	دعوایی
quart	کوارت (پیمانه‌ای حدود یک لیتر)
quarter	ربع، یک چهارم
quarterage	مزد سه ماهه
quarter day	روز پرداخت قسط
quarter hour	ربع‌ساعت،پانزده‌دقیقه
queue	صف
quick	سریع، تند
quid	یک پوند
quiet	ساکت، آرام
quilt	لحاف
quite	کاملاً
quits	بی‌حساب، مساوی
quiver	ترکش، تیردان، لرزه
quixote	خیال‌پرداز، آدم خیال پرست
quiz	مسابقهٔ اطلاعات عمومی (در رادیو و تلویزیون)، سؤال پیچ کردن
quizzical	عجیب و غریب
quorum	حد نصاب
quota	سهمیّه
qoutable	نقل کردنی
quote	نقل کردن

R

rabid	هار، متعصب
race	مسابقه، مسابقهٔ دو، نژاد
radiant	تابان، تابناک
radio	رادیو
rag	کهنه، تکهٔ کهنه
rail	راه آهن
rain	باران
rare	کمیاب

razor تیغ

razor - blade تیغ

read خواندن

reader خواننده

ready حاضر، آماده

receipt قبض، رسید

recoup خرج... را درآوردن، جبران کردن

red قرمز

reduce کم کردن

reference مرجع، عطف یا شمارهٔ عطف (در نامه‌های تجاری)

refuel سوخت‌گیری کردن

refuse سرباز زدن، رد کردن

representative نماینده

request خواهش، درخواست

reserve ذخیره، اندوخته، رزرو کردن، جا نگهداشتن

reserved کم حرف، خوددار، اندوخته

reshipment حمل مجدد

reside اقامت داشتن، مقیم شدن

resident مقیم، ساکن

responsible مسئول

round دوسره، گشتن، دور زدن

round trip سفر دوسره، سفر رفت و برگشت

rover خانه به دوش، ولگرد

row پارو زدن

row - boat قایق پارویی

rowing - boat قایق پارویی

rowdy دعوایی، جنجالی

rule قاعده، قانون

rules مقرّرات

run دو، دویدن

S

sad غمگین، دلتنگ

safe ایمن، بی‌خطر

safety ایمنی

safety - belt کمربند ایمنی

safety glass شیشهٔ ایمنی

safety razor تیغ خودتراش

sale فروش، حراج

same همان، یکسان

sample نمونه

sand شن

sandal صندل

sandwich ساندویچ

satisfied راضی، خشنود

save نجات دادن

savings account حساب پس‌انداز

say گفتن

seemly شایسته، زیبنده

seize ربودن، قاپیدن

select	برگزیدن، جدا کردن
seldom	بسیار کم، به ندرت
sell	فروختن
separate	جدا کردن، جدا
sequence	ترتیب، توالی، صحنه (در فیلم)
serial	سریال
serious	جدی
sermon	موعظه، اندرز
serve	خدمت کردن، سرو کردن (برای غذا)
service	خدمت، سرویس
set	قرار دادن، سرویس (برای ظرف)
settle	واریزکردن، پرداختن
shore	ساحل
short	کوتاه
shower	دوش گرفتن، باریدن، دوش
shut	بستن
sick	بیمار
side	طرف، سو، پهلو
sight	بینایی، دید، دیدنی
sights	دیدنیها، مناظر
sign	نشان، علامت، امضا کردن
signal	علامت، پیام
signature	امضا
silent	خاموش، ساکت
silk	ابریشم
similar	مانندِ
simultaneous	همزمان
snake	مار
snapshot	عکس فوری
snow	برف
so	بنابراین، بسیار، خیلی
soaked	خیس
square	مربع، میدان
staff	چوب دستی، کارکنان
stain	لکه، لکه کردن
stairs	پلکان، پله‌ها
star	ستاره
starter	شروع کننده، استارت (برای اتومبیل)
student	دانش‌آموز، دانشجو
study	مطالعه کردن
suburb	حومهٔ شهر، حومه
sweep	جارو کردن
syrup	شربت

T

take	گرفتن
talk	گفتگو
tall	بلند
tank	مخزن، باک (برای اتومبیل)
tap	شیر آب
taste	چشایی، چشیدن
thief	دزد
thin	لاغر، نازک
thing	چیز
think	فکر کردن
thirst	اشتیاق، تشنگی
thus	بنابراین
tie	بند (برای بستن چیزی)، کراوات
top	قله، نوک
topic	موضوع
torch	چراغ قوه
tour	تور، گردش
tourist	جهانگرد، توریست
towards	به طرفِ، به
towel	با حوله خشک کردن، حوله
tower	برج
town	شهر
toy	اسباب بازی
trade	تجارت، معامله
trade mark	علامت تجارتی
tradition	سنّت
train	قطار
tram	تراموا
transfer	انتقال، انتقال دادن
transferable	قابل انتقال
transit	عبور
transit - visa	روادید عبور
translate	ترجمه کردن
translation	ترجمه
transport	حمل و نقل
travel	مسافرت
travel agency	آژانس مسافرتی
traveller	مسافر
treat	رفتار کردن
treatment	رفتار، درمان
tree	درخت
trip	مسافرت، سفر
trouble	مشکل، دردسر
trousers	شلوار
true	حقیقتی، راستی
trust	اعتماد، اطمینان
truth	حقیقت، راستی
try	سعی، تلاش
try hard	زحمت زیاد کشیدن
turn	چرخش، نوبت، گشتن، چرخیدن
turn back	برگشتن
turn colour	رنگ به رنگ شدن
twice	دوبار
twilight	هوای تاریک و روشن
twit	آدم احمق، آدم مردم‌آزار
tyke	بچهٔ شیطان
type	نوع، تایپ کردن، ماشین کردن
typewriter	ماشین تحریر، ماشین تایپ
typist	ماشین‌نویس
tyre	تایر، لاستیک

U

ugly	زشت
umbrella	چتر
unbearable	غیرقابل تحمّل
uncle	عمو، دایی
uncomfortable	ناراحت
undecided	دو دل، مردد
under	زیرِ
understand	فهمیدن
underwear	لباس زیر
unexpected	غیرمترقبه،
	پیش بینی نشده
unfair	غیرمنصفانه
unfit	نامناسب
unhappy	غصه‌دار، غمگین
unhealthy	بیمار
unimportant	بی‌اهمیّت
unkind	نامهربان
unload	بار خالی کردن
unpack	باز کردن (برای چمدان و غیره)
unsafe	ناامن، خطرناک
untie	باز کردن یا گشودن (برای گره و غیره)
unwelcome	ناخوشایند
up	بالا
uphill	سربالایی
upon	رویِ
upstairs	طبقهٔ بالا
urgent	فوری
utterly	کاملاً
use	کاربرد، بکار بردن
user	مصرف کننده، کاربر

V

vacate	خالی کردن
vaccine	واکسن، مایه
vain	بیهوده
valet	نوکر
valid	معتبر
valise	چمدان
valley	درّه
value	قیمت، بها، ارزش
van	وانت
varied	گوناگون
vase	گلدان
vast	بزرگ، عظیم
vegetables	سبزیجات
velvet	مخمل
venison	گوشت آهو
venom	زَهر
very	خیلی
vie	رقابت کردن
villa	خانهٔ ییلاقی، ویلا
visa	روادید، ویزا
visit	ملاقات، دیدن
voice	صدا
volume	جلد (برای کتاب)، بلندی (برای صدا)
voucher	بُن، کوپن، رسید
voyage	سفر دریایی
vulgar	زشت، عامیانه، مبتذل
vulnerability	آسیب‌پذیری
vulture	کرکس

W

wake	بیدار کردن، بیدار شدن
waker	بیدارکننده
walk	قدم زدن، گردش
wall	دیوار
wallet	کیف پول، کیف بغلی
want	خواستن
war	جنگ
wash	شستشو، شستن
watch	ساعت (مچی یا جیبی)، تماشا کردن
water	آب
way	راه
we	ما
wealthy	دارا، ثروتمند
wear	پوشیدن
weather	هوا، وضع هوا
wedding	جشن عروسی، عروسی
week	هفته
weekend	تعطیلات آخر هفته
welcome!	خوش آمدید!
well	خوب
west	مغرب، غربی
while	موقعی که
whilst	ضمن اینکه، در حالی که
white	سفید
wide	پهن، وسیع

wife	همسر (زن)، خانم
wild	وحشی
wind	باد
winter	زمستان
wire	سیم
witty	شوخ
wood	چوب، جنگل
world	جهان، دنیا

X

x - ray	اشعهٔ ایکس
x - ray therapy	درمان با اشعهٔ ایکس، اشعهٔ ایکس درمانی

Y

yard	یارد (۳ فوت)، حیاط
year	سال
yearbook	سالنامه
yearlong	یکسال تمام
yearly	سالیانه، سالانه
yellow	زرد
yelp	واق واق کردن، واق واق
yes	بله
yesterday	دیروز
yesteryear	سال گذشته
yet	هنوز
yogurt	ماست
you	شما، تو
you - all	همهٔ شما
young	جوان، تازه
younger	جوانتر
youngish	نسبتاً جوان
your	ـِ تو، ـِ شما
yours	مال تو، مال شما
yourself	خود شما، خودت، خودتان
youth	جوانی
youth - hostel	مهمانسرای جوانان، شبانه روزی جوانان، خوابگاه جوانان

Z

zany	دلقک، ابله
zero	صفر
zest	رغبت، علاقه
zip	زیپ (برای لباس)
zip code	کدپستی
zipper	زیپ (برای لباس)
zoo	باغوحش
zwieback	نان سوخاری

FLOWERING PLANTS COMMON IN BRITAIN

All the drawings are to scale and represent the average height reached.

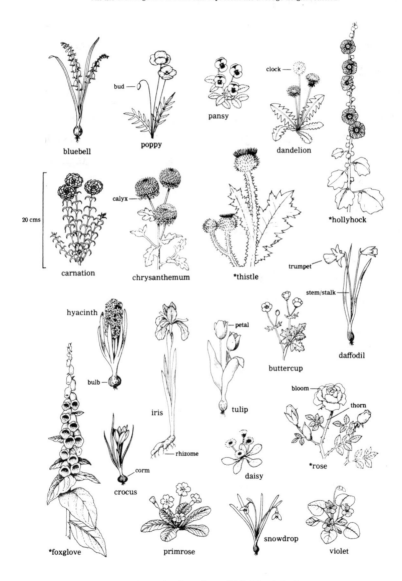

*The illustration shows the top third of the whole plant.

TREES COMMON IN BRITAIN

All the drawings are to scale and represent the average size reached.

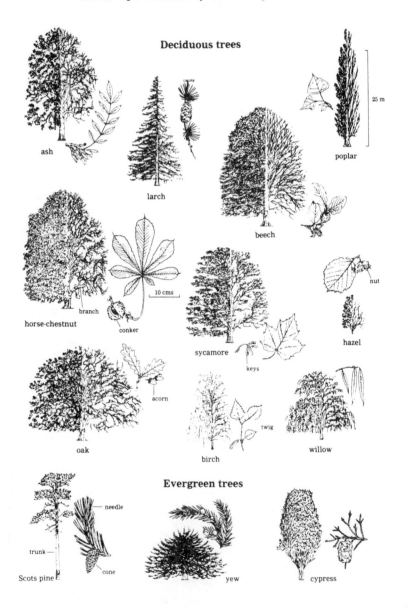

Deciduous trees

ash

larch

poplar

25 m

beech

horse-chestnut

branch

conker

10 cms

sycamore

keys

nut

hazel

oak

acorn

birch

twig

willow

Evergreen trees

needle

trunk

Scots pine

cone

yew

cypress

FURNITURE

Seats

rocking-chair stool armchair settee/sofa dining-chair high chair

Tables

gateleg table coffee-table dining-table trolley

Beds

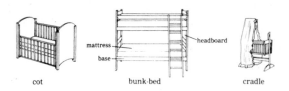

cot bunk-bed cradle

Storage

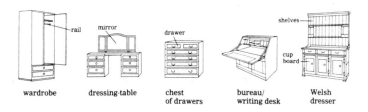

wardrobe dressing-table chest of drawers bureau/writing desk Welsh dresser

A BICYCLE

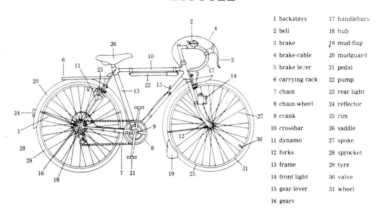

1 backstays	17 handlebars
2 bell	18 hub
3 brake	19 mud-flap
4 brake-cable	20 mudguard
5 brake lever	21 pedal
6 carrying rack	22 pump
7 chain	23 rear light
8 chain-wheel	24 reflector
9 crank	25 rim
10 crossbar	26 saddle
11 dynamo	27 spoke
12 forks	28 sprocket
13 frame	29 tyre
14 front light	30 valve
15 gear-lever	31 wheel
16 gears	

A MOTORWAY INTERSECTION

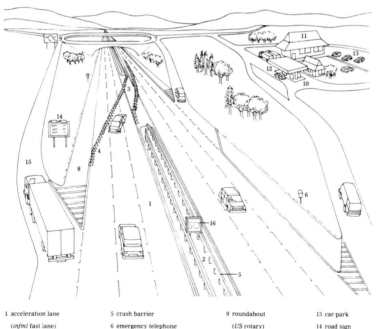

1 acceleration lane	5 crash barrier	9 roundabout	13 car-park
(*infml* fast lane)	6 emergency telephone	(*US* rotary)	14 road sign
2 central reservation	7 flyover	10 service area	15 slip-road
3 contraflow	(*US* overpass)	11 restaurant	16 warning light
4 cone	8 hard shoulder	12 filling-station	

A CAR

Back view

Front view

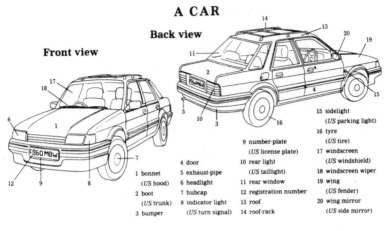

The interior

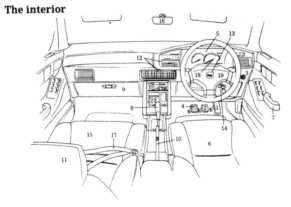

The engine and the chassis

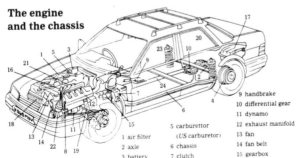

15 sidelight
  (*US* parking light)
16 tyre
  (*US* tire)
17 windscreen
  (*US* windshield)
18 windscreen wiper
19 wing
  (*US* fender)
20 wing mirror
  (*US* side mirror)

9 number-plate
  (*US* license plate)
10 rear light
  (*US* taillight)
11 rear window
12 registration number
13 roof
14 roof-rack

4 door
5 exhaust-pipe
6 headlight
7 hubcap
8 indicator light
  (*US* turn signal)

1 bonnet
  (*US* hood)
2 boot
  (*US* trunk)
3 bumper

1 accelerator pedal
  (*US* gas pedal)
2 brake pedal
3 choke
4 clutch pedal
5 dashboard/fascia
6 driver's seat
7 door handle
8 gear-lever
  (*US* gearshift)
9 glove compartment
10 handbrake
11 head-rest
12 heater
13 horn
14 ignition switch
15 passenger seat
16 rear-view mirror
17 seat-belt
18 speedometer
19 steering wheel

17 petrol tank
  (*US* gas tank)
18 radiator
19 shock absorber
20 silencer
  (*US* muffler)
21 sparking-plug
  (*US* spark plug)
22 starter motor
23 suspension
24 transmission sha
  (*US* drive shaft)

9 handbrake
10 differential gear
11 dynamo
12 exhaust manifold
13 fan
14 fan belt
15 gearbox
16 leads

1 air filter
2 axle
3 battery
4 brake-drum
5 carburettor
  (*US* carburetor)
6 chassis
7 clutch
8 dip-stick

WILD ANIMALS COMMON IN BRITAIN

All the drawings are to scale and represent the average size reached.

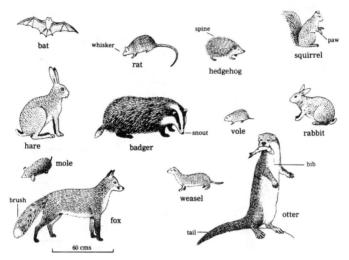

bat

whisker

rat

spine

hedgehog

squirrel

paw

hare

badger

snout

vole

rabbit

mole

weasel

bib

brush

fox

tail

otter

60 cms

BREEDS OF DOG

All the drawings are to scale and represent the average size reached.

greyhound

cocker spaniel

collie

Dalmatian

Pekinese

Alsatian

poodle

Labrador

bulldog

dachshund

red setter

Scotch terrier

40 cms

Strings

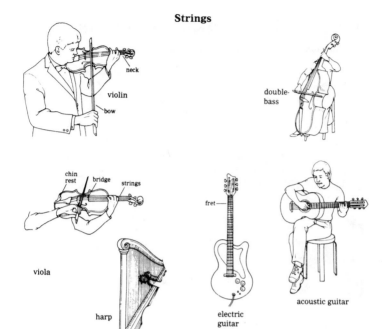

neck

violin

bow

double-bass

chin rest

bridge

strings

fret

viola

harp

electric guitar

acoustic guitar

Percussion

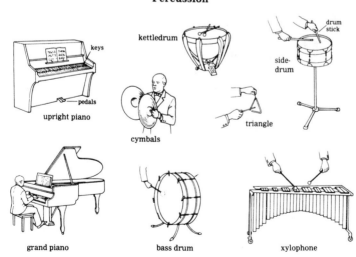

keys

kettledrum

drum stick

side-drum

upright piano

pedals

cymbals

triangle

grand piano

bass drum

xylophone

MUSICAL INSTRUMENTS

Brass & woodwind

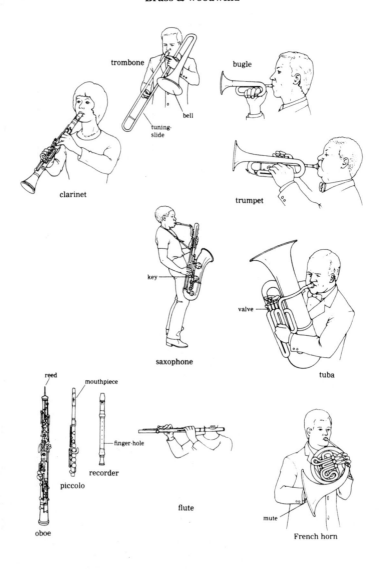

trombone

bugle

bell

tuning-slide

clarinet

trumpet

key

valve

saxophone

tuba

reed

mouthpiece

finger-hole

recorder

piccolo

flute

oboe

mute

French horn

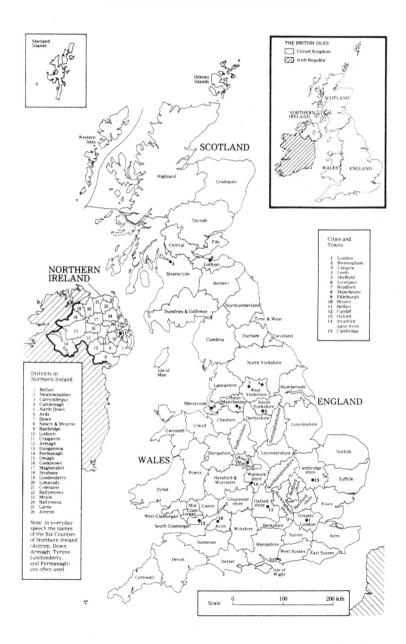

MAPS OF THE UNITED KINGDOM

انگلیسی در سفر

ENGLISH ON TRIP

Shetland Islands
Orkney Islands
Outer Hebrides
NORTHWEST HIGHLANDS
GRAMPIAN MOUNTAINS
Ben Nevis
Spey
Dee
Atlantic Ocean
North Sea
Lowlands
Clyde
SOUTHERN UPLANDS
Tweed
CHEVIOT HILLS
North Channel
ANTRIM MOUNTAINS
Sawel
Lough Neagh
Erne
Tyne
CUMBRIAN MOUNTAINS
Scafell Pike
Lake District
PENNINES
Tees
North York Moors
Isle of Man
Yorkshire Dales
Irish Sea
Aire
Humber
Peak District
Snowdonia
Snowdon
Dee
Potteries
Trent
The Wash
THE FENS
Norfolk Broads
Midlands
Great Ouse
East Anglia
Severn
Wye
Avon
St. George's Channel
Brecon Beacons
BRECON BEACONS
COTSWOLD HILLS
CHILTERN HILLS
Home
Thames
Bristol Channel
SALISBURY PLAIN
NORTH DOWNS
Counties
Exmoor
EXMOOR
SOUTH DOWNS
West Country
Strait of Dover
Dartmoor
DARTMOOR
Isle of Wight
English Channel
Isles of Scilly
Scale 0 100 200 km
hills or mountains
peaks or highest points
rivers
Popular districts
definable areas such as national parks
Exmoor
East Anglia
others

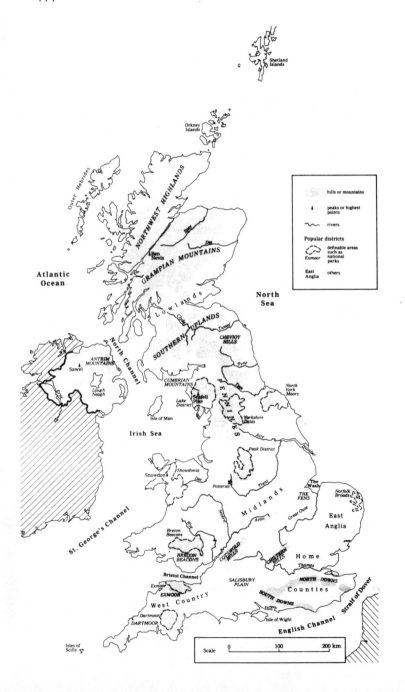

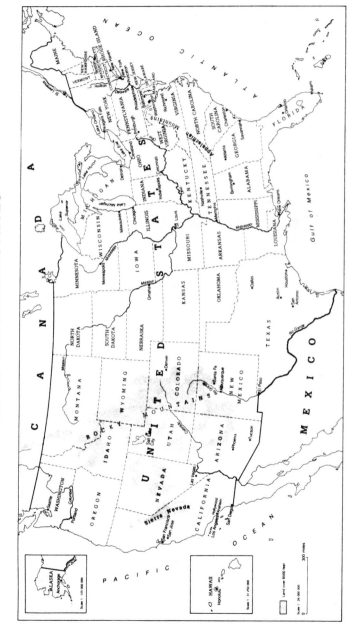

MAP OF THE UNITED STATES

از مترجم این کتاب برای کودکان و نوجوانان منتشر شده است.

بـدنِ مـن و درونِ آن

نویسنده: **آنجلا رویستُن**

ترجمه: **حسن اشرف‌الکتّابی**

کتاب «بدن من و درون من» طرز کار جالب درونِ بدنِ انسان را به کودکان و نوجوانان آموزش می‌دهد. نویسندهٔ کتاب با استفاده از تصاویر زیبا و جذاب، مهم‌ترین قسمت‌هایِ بدن مانندِ: قلب، شش‌ها و استخوان‌بندی را به نمایش می‌گذارد و با زبانی ساده طرز کار هر قسمت را شرح می‌دهد. این کتاب برای شما و کودکِ شما تهیّه شده است تا مطالب آن را با هم بخوانید دربارهٔ آن گفتگو کنید، لذّت ببرید و درنتیجه به دانستنی‌های فرزندتان بیفزایید.

شابک ۰-۱۴-۵۶۰۷-۹۶۴   ISBN 964-5607-14-0

از مترجم این کتاب برای کودکان و نوجوانان منتشر شده است.

از مجموعهٔ رشد و پرورش ذهنی کودکان پیش دبستانی، پنج دفتر تمرین با نام «آموزش و سرگرمی» منتشر شده است. این مجموعه به جنبه‌های آموزشی همراه با سرگرمی و بازی تأکید دارد. در هـر صـفحه یک مـوضوع بـا هدفِ آمـوزشی مـعینی پیشنهاد شده تا مربی محترم بتواند با الگوسازی از موضوعات مجموعهٔ فوق به پرورش ذهنی کودکان بپردازد.

انتشارات استاندارد منتشر کرده است

هلندی در سفر

NEDERLANDS VOOR OP REIS

تألیف: حسن اشرف‌الکتّابی

مسافرت به کشورهای هلندی زبان و برقراری ارتباط زبانی با استفاده از این کتاب، هنگام مسافرت به هلند، بلژیک و دیگر کشورهای هلندی زبان، می‌توانید منظور خود را در موقعیت‌های مختلفی که قرار می‌گیرید به دیگران بفهمانید و از منظور دیگران نیز آگاهی یابید. این کتاب در عین حال، یک ابزار آموزشی برای یادگیری مکالمهٔ زبان هلندی است.

کتاب با پرسش و پاسخ، شما را با موقعیت‌های مختلف و نیازهای زبانی این موقعیت‌ها آشنا می‌کند، دارای واژه‌نامه‌ای برای یافتن سریع واژه‌ها و معانی فارسی آنهاست و درضمن تلفظ هر کلمهٔ هلندی با استفاده از الفبای فارسی در زیر یا در مقابل هر واژه آورده شده است.

ISBN 964-91440-0-5

شابک ۵-۰-۹۱۴۴۰-۹۶۴

انتشارات استاندارد منتشر کرده است

آلمانی در سفر

DEUTSCH AUF DER REISE

تألیف و ترجمه: **حسن اشرف‌الکتّابی** به کوشش: **علی‌اصغر شجاعی**

این اثر ترجمه‌ای است از کتاب

«DEUTSCH AUF DER REISE»

که مطالب دیگری نیز بر آن افزوده شده است.

کتاب «آلمانی در سفر» راهنمایی است برای کلیهٔ مسافران خارج از کشور، بویژه دانشجویان عزیز که به نحوی قصد مسافرت به آلمان و یا دیگر کشورهای آلمانی زبان را دارند. در این کتاب جدیدترین کلمات، اصطلاحات و عبارات روزمره و موقعیتی آورده شده و گاه یک مورد یا موضوع، با تکیه بر جدیدترین برنامهٔ آموزشی ـ کاربردی زبان، در دو یا سه قسمت با عنوان و مطالب جدید بیان شده است. پیشنهاد می‌کنیم قبل از استفاده از این کتاب، حداقل یکبار به عناوین مطالب آن که در فهرست آمده است نگاهی گذرا بیندازید که سودمند واقع می‌شود. درضمن در فصل‌هایی از این کتاب راهنمایی‌هایی به علاقه‌مندان شده تا از نحوهٔ زندگی در کشور یا کشورهای آلمانی زبانِ موردِ بازدید آشنایی بیشتری بدست آورند.

شابک ۴ـ ۶ـ ۹۱۴۴۰ـ ۹۶۴ ISBN 964-91440-6-4

از مجموعهٔ نوارهای آموزش زبان

ENGLISH ON TRIP

نوار (کاست) کتاب انگلیسی در سفر

تألیف و ترجمه: **حسن اشرف‌الکتّابی**

انتشارات استاندارد، نوار صوتی ۱۸۰ دقیقه‌ای کتاب انگلیسی در سفر را به شما زبان آموزان مسافرتی تقدیم می‌کند. در تهیهٔ این نوار آموزشی، به تلفظ صحیح واژه‌ها، رعایت تکیه (Stress) با تکیه‌های آنها و آهنگ (Intonation) جمله‌های کتاب توجّه خاص شده است.

مرکز پخش:

پخش آوا: چهارراه پاسداران، خیابان دولت، نرسیده به چهارراه رستم‌آباد، جنب مسجد محمّدیه، تلفن: ۲۵۴۰۸۰۸

مراکز فروش:

انتشارات کلمه: روبروی در اصلی دانشگاه تهران، تلفن: ۶۴۰۸۶۰۶

انتشارات پژوهش، انتشارات فارابی، انتشارات زبانکده، انتشارات کتابکده: میدان انقلاب، روبروی سینما بهمن، بازارچه کتاب.

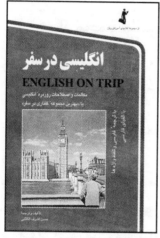
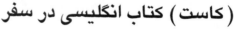
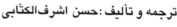

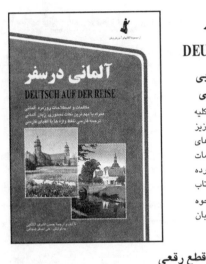
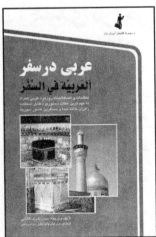

از مجموعه کتابهای آموزش زبان منتشر شده است:

۴- ترکی استانبولی در سفر

Yolculukta İstanbul Türkçesi

به کوشش :　　حسن اشرف‌الکتّابی
مینا اشرف‌الکتّابی

با استفاده از این کتاب هنگام مسافرت به ترکیه و دیگر کشورهای ترکی زبان می‌توانید منظور خود را در موقعیت‌های مختلفی که قرار می‌گیرد به دیگران بفهمانید و از منظور دیگران نیز آگاهی یابید. این کتاب در عین حال یک ابزارآموزشی برای یادگیری مکالمه زبان ترکی استانبولی است. در ضمن کتاب دارای راهنمای جامع مسافرت به‌کشور ترکیه می‌باشد.

۲۸۰ صفحه　　　قطع رقعی

۵- هلندی در سفر

NEDERLANDS VOOR OP REIS

ترجمه و تألیف :حسن اشرف‌الکتّابی

کتاب با پرسش و پاسخ شما را با موقعیت‌های مختلف و نیازهای زبانی این موقعیت ها آشنامی کند دارای واژه نامه ای برای یافتن سریع واژه ها و معنای فارسی آنهاست و در ضمن تلفظ هر کلمه هلندی با استفاده از الفبای فارسی در زیر یا در مقابل هر واژه آورده شده است.کتاب دارای مبحث نسبتا کامل دستور زبان هلندی می باشد.

۲۸۰ صفحه　　　قطع رقعی